Karl Albert

Lebensphilosophie

STUDIENAUSGABE

Das Buch bietet eine Darstellung und Analyse der Lebensphilosophie und ihrer Geschichte von den Anfängen bei Nietzsche, Dilthey und Bergson bis zu ihren Höhepunkten bei Simmel, Theodor Lessing, Klages, Spengler und Ortega y Gasset. Es läßt ihre Interpreten, vor allem Scheler, Misch und Bollnow, und Kritiker wie Rickert und Lukács zu Wort kommen. Daß lebensphilosophische Ansätze auch im 21. Jahrhundert rezipiert werden, ist vor allem einem breit gefächerten ökologischen Denken zu verdanken, aber auch der Weiterführung lebensphilosophischer Ideen durch Michel Henry in dessen Radikaler Lebensphänomenologie.

Der Autor:

Karl Albert (1921–2008) war bis zu seiner Emeritierung 1987 Professor für Philosophie an der Bergischen Universität Wuppertal. Er hat auf der Grundlage seiner Lehre von der ontologischen Erfahrung ein umfangreiches Œuvre zur Philosophie der Religion, der Kunst, der Sozialität und der Pädagogik geschaffen.

Karl Albert

Lebensphilosophie

Von den Anfängen bei Nietzsche bis zu ihrer Kritik bei Lukács

Neu herausgegeben und mit einem Nachwort von Elenor Jain

Verlag Karl Alber Freiburg / München

Neuausgabe 2017

www.verlag-alber.de

Satz: SatzWeise GmbH, Trier
Herstellung: CPI books GmbH, Leck

Printed in Germany

ISBN 978-3-495-48929-1

Inhalt

Einleitung

I.

Im Ausgang des 19. Jahrhunderts, in einer von den erstaunlichen Fortschritten der Naturwissenschaften beherrschten Zeit, war auf anderen Kulturgebieten der Gedanke des Lebens immer stärker hervorgetreten und blieb dann auch bis ins erste Drittel des 20. Jahrhunderts hinein wirksam. Philosophie und Literatur, bildende Kunst und Musik, Theologie und Pädagogik, ja ganz allgemein das gesellschaftliche Denken und Verhalten, am auffälligsten wohl in der sogenannten »Jugendbewegung«, waren orientiert am Gedanken des Lebens. Die Philosophie bildete also zwar einen einzelnen Teilbereich innerhalb dieser Entwicklung, doch übten in ihr gerade einzelne Philosophen bedeutende Einflüsse aus. Neben Nietzsche und Dilthey muß hier auch Henri Bergson genannt werden, der 1928 sogar mit dem Nobelpreis für Literatur ausgezeichnet wurde. Dazu schreibt der Literaturhistoriker Ernst Robert Curtius: »Bergsons Hauptwerk fiel in jene Vorkriegsepoche, wo das Zauberwort der Jugend und ihrer Fackelträger ›Leben‹ hieß. Alle originalen Schöpfungen der Philosophie und der Dichtung, die im ersten Jahrzehnt des 20. Jahrhunderts ans Licht traten, trugen den Akzent des ›Lebens‹. Es war wie ein Rausch, ein Jugendrausch, den wir alle geteilt haben«[1]. Was Curtius hier festhält, gilt aber keineswegs nur für die Philosophie und Dichtung, sondern auch besonders für die Kunst, für die charakteristisch war, daß sie ins Leben eingreifen wollte. Denn, wie es bei Dolf Stenberger heißt, »die Themen der Kunst werden zu Programmen der Lebensführung und dringen in die allgemeine Gesellschaft vor: Jugend, Frühling, Landschaft, Nacktheit, Tanz«[2]. Was Sternberger dann in

---

[1] Traugott Konstantin Oesterreich: Die Philosophie des Auslandes vom Beginn des 19. Jahrhunderts bis auf die Gegenwart. Oberwegs Grundriß der Geschichte der Philosophie. Bd. V. 12. Aufl. 1928, S. XXIX f.

[2] Über Jugendstil. Frankfurt a. M. 1977, S. 108.

Anknüpfung an Bergsons Begriff der Intuition bemerkt, bezieht sich wiederum ebenfalls nicht nur auf die Philosophie, sondern ist allgemein als der neue zu beschreitende Weg gemeint: »Es ist der Weg nicht der Logik, sondern der Biologik, und das Leben, mit allem Lebendigen, ist das Schlüssel- und Zauberwort der Epoche«[3]. Oder, wie es bei Wolfdietrich Rasch zum Ausdruck kommt: »Leben ist das Grundwort der Epoche, ihr Zentralbegriff, vielleicht noch ausschließlicher als der Begriff der Vernunft für die Aufklärungszeit oder der Begriff der Natur für das spätere 18. Jahrhundert«[4]. Otto Friedrich Bollnow, von dem weiter unten noch ausführlicher zu reden sein wird und der eine Zeitlang selber der Lebensphilosophie nahestand, sieht die Wurzeln des Lebensgedankens in der Generation des »Sturm und Drang« und der Romantik, d.h. in einem Denken, das sich aus den Oberflächlichkeiten des Alltagslebens befreien und in die Tiefe eigentlichen Lebens gelangen möchte: »Gegenüber dem in festen Formen erstarrten Leben der vorhergehenden Zeit, gegenüber dem Zwang der gesellschaftlichen Konventionen und der erdrückenden Gelehrsamkeit eines wirklichkeitsfremden Wissens, gegenüber der ganzen Künstlichkeit eines veräußerlichten Daseins strebte man zurück nach einer neuen Ursprünglichkeit und Unmittelbarkeit. Und eben dies bezeichnete man mit dem damals emphatisch betonten Wort als Leben«[5].

II.

In der geistigen Situation am Ende des 19. Jahrhunderts entsteht also eine Philosophie, für die der Begriff des Lebens das Zentrum bildet. Worin aber liegt die Eigenart dieser Philosophie als Philosophie? Wer diese Frage beantworten will, muß zunächst einmal zur Kenntnis nehmen, daß die Lebensphilosophie keine einheitliche Richtung darstellt wie etwa der Neukantianismus oder die Phänomenologie, so daß es keine lebensphilosophische »Schule« gegeben hat (abgesehen vielleicht von der Dilthey-Schule, die aber auch nicht so geschlossen war, wie der Name ausdrückt). Die Lebensphilosophen waren meist ex-

---

3 A.a.O., S. 104.

4 Aspekte der deutschen Literatur um 1900. In: Zur deutschen Literatur seit der Jahrhundertwende. Stuttgart 1967, S. 1–48. Hier S. 17.

5 Die Lebensphilosophie. Berlin 1958, S. 3f.

treme Individualisten, Einzelgänger und Eigenbrötler. Mehrere von ihnen haben dementsprechend sich gegen ihre Einordnung als Lebensphilosophen gewehrt und lieber ihre Eigenständigkeit hervorgehoben. Dennoch gibt es Gemeinsamkeiten unter ihnen, und zwar nicht nur wegen des für ihr Denken zentralen Lebensbegriffs.

Gemeinsam ist den Lebensphilosophen zunächst der Ausgang von einem oder mehreren der Gründer des neuen philosophischen Denkens: von Nietzsche, Dilthey oder Bergson (wobei man im Zusammenhang mit Bergson im Grunde noch Guyau hinzunehmen müßte, der für Bergsons Philosophieren von maßgeblichem Einfluß war, jedoch damals jedenfalls bei uns wenig bekannt und deshalb auch kaum wirksam wurde). Diese Denker standen in Opposition gegen den Philosophiebetrieb ihrer Zeit, der vor allem einerseits bestimmt war durch eine Vorliebe für logische, erkenntnistheoretische und wissenschaftstheoretische Fragen, andererseits durch eine meist positivistisch eingestellte philosophiehistorische Forschung. Demgegenüber gehört zur sich an diese Vorbilder anschließenden Lebensphilosophie die Ablehnung der lebensfernen »Kathederphilosophie«, »Universitätsphilosophie«, »Fachphilosophie«. Der Begriff des Lebens wird zum »Kampfbegriff« eines neuen Denkens, das sich zwar häufig noch an den Universitäten findet, aber die bisherigen Wege verlassen hat, um sich wieder den elementaren und uralten Problemen des philosophischen Denkens zu öffnen, wie etwa Zeit, Tod, Liebe, Gesellschaft, Natur, Gott.

Es geht der neuen philosophischen Tendenz aber nicht nur um die Wiederaufnahme der vergessenen oder verdrängten Grundprobleme, sondern auch darum, wieder Anschluß zu finden an die besonderen Probleme, die sich aus der allgemeinen Zeitsituation stellen. Von ihnen hatte sich die gewöhnlich an den Universitäten um die Jahrhundertwende betriebene, auf Erkenntnistheorie und Philosophiehistorie beschränkte Philosophie weit entfernt. Anders die Lebensphilosophie. So eröffnet Dilthey die Vorlesung über sein System der Philosophie folgendermaßen: »Was ich Ihnen bieten möchte, ist nicht eine bloße Kathederphilosophie. Nur aus dem Verständnis der Gegenwart kann das rechte philosophische Wort an Sie hervorgehen« (GS VIII 190). Und Carl Ulmer interpretiert diese Worte als Versuch, das Denken und Handeln auch der Menschen außerhalb der Universität zu erreichen und damit wieder Anschluß zu finden an die große Philosophie der Vergangenheit, die auch für die heutigen Menschen »Richtmaß alles Philosophierens« sein und die Wirklichkeitsfremdheit der Universitätsphilosophie ablegen müsse: »Indem Dilthey sich von diesem verengten und in seiner Wurzel abgestorbenen Philosophieren abwendet und sich dem gegenwärtigen menschlichen Leben als der einzig wahren und lebendigen Quelle der Philosophie zuwendet, sucht er den Beweggrund, die Fragestellung und die Aufgabe der Philosophie in der Grundproblematik seines gegenwärtigen Zeitalters und gibt der Philosophie ihre unmittelbare Stellung in der Wirklichkeit dieses Zeitalters und ihre Bedeutung für diese«[6]. Von hier aus wird verständlich, daß die Lebensphilosophen sich mit Themen beschäftigten, die in der »Fachphilosophie« nicht beachtet wurden. Man schrieb damals nicht nur eine »Philosophie der Geschlechter«, sondern auch eine »Philosophie des Schlangestehens«; Mode, Koketterie, Abenteuer werden Themen philosophischen Nachdenkens, selbst über Dinge wie Henkel und Tür wird philosophiert.

Der lebensphilosophische »Ausbruch aus der Universitätsphilosophie« tritt viertens auch als Anti-Intellektualismus in Erscheinung. Die nach dem »Zusammenbruch des deutschen Idealismus« an den Universitäten gelehrte Philosophie war lange Zeit rein rationalistisch und intellektualistisch eingestellt. Wenn die Philosophie im Zeitalter der immer erfolgreicher und damit immer mächtiger werdenden Naturwissenschaften noch eine Rolle spielen wollte, so mußte sie, wie man meinte, von der Art der Naturwissenschaften sein oder ihnen (etwa als Logik, Erkenntnistheorie oder Wissenschaftstheorie) dienen. Nietzsche, Dilthey und Bergson waren anderer Ansicht. Sie wollten die Philosophie wieder philosophisch betreiben. Um dies deutlich zu machen, unterscheidet Bergson zwei Erkenntniskräfte des Menschen: den Intellekt und die Intuition. Die für die Naturwissenschaften zuständige Erkenntniskraft ist der Intellekt, während die Intuition das Mittel der philosophischen Erkenntnis darstellt. Der Philosophierende bedient sich zwar auch des Intellekts, aber nur, um das durch Intuition Erfaßte zu prüfen, es festzuhalten und mitteilbar zu machen. Als das Grundlegende und Tragende des philosophischen Denkens gilt demnach die Intuition, nicht der Intellekt. Dieses antiintellektualistische Moment der Lebensphilosophie beschreibt Sternberger in seinen Bemerkungen über den Jugendstilmenschen der damaligen Epoche, den herausragenden Typus seiner Zeit des Lebens-

---

[6] Der Ausbruch aus der Universitätsphilosophie. Eine Erinnerung an die Grundintention des Gesamtwerkes von Wilhelm Dilthey. In: Philosophische Perspektiven 4 (1978), S. 379–416. Hier: S. 382.

kults und des Lebenspathos: »Er entwindet sich allen cartesischen und kantischen Bestimmungen, will keine ›res cogitans‹ mehr sein und weder die reine noch die praktische Vernunft üben. Seine Philosophie ist die des Lebens. Henri Bergson hat sie ausgearbeitet«[7]. In lebensphilosophischer Sicht haben nämlich Descartes und Kant, die damals einseitig erkenntnistheoretisch interpretiert wurden, in ihrem bloßen Verstandes- oder Vernunftdenken, den Boden der lebensphilosophischen Problematik unter den Füßen verloren. Zu ihr will die Lebensphilosophie zurückkehren. In der Kritik des bloß rationalistischen Denkens geht es also nicht um einfachen »Irrationalismus«, den man der Lebensphilosophie allerdings oft vorgeworfen hat, sondern um die Freilegung einer tieferen Schicht im menschlichen Erkennen.

Damit hängt ein fünftes philosophisches Moment der Lebensphilosophie zusammen. Die Herrschaft des naturwissenschaftlichen Denkens hatte zugleich zur Herrschaft des mechanistischen und finalistischen Denkens der Naturwissenschaften geführt. Dieses Denken wollen die Lebensphilosophen in der Philosophie überwinden. So nennt Bergson als Ziel seines Denkens eine »Philosophie des Lebens ... Sie erhebt den Anspruch, Finalismus und Mechanismus gleichermaßen hinter sich zu lassen«[8]. Das Denken der Naturwissenschaften war dem unmittelbaren Erleben fern und fremd. Hier konnte die Bergsonsche Philosophie mit ihrem Begriff der Intuition ein weites Feld betreten und erschließen. Das wurde auch so verstanden. Curtius hat die neue Situation beschrieben: »Ein überschäumendes Gefühl der Befreiung hatte die junge Generation ergriffen. Befreiung wovon? Vom Druck der ›mechanischen Weltanschauung‹. Es war ein Ruck vorwärts. Die echte Erlebniswirklichkeit wurde dem Denken zurückgegeben«[9].

Mit dem Begriff der Intuition und dem der inneren Erfahrung des Lebens hat die Lebensphilosophie versucht, in die tiefste Schicht menschlichen Erfahrens und Erkennens hineinzublicken. In solcher Absicht geriet sie in die Nähe der Mystik und nimmt damit Einsichten des anfänglichen Denkens der Griechen, der indischen Upanischaden oder des chinesischen Taoismus auf[10]. Im Blick auf diese frühe

---

7 Über Jugendstil, S. 104.

8 Schöpferische Entwicklung. Jena 1912, S. 56.

9 Oesterreich: Die Philosophie des Auslandes, S. XXIX f.

10 Vgl. dazu K. Albert: Mystik und Philosophie. St. Augustin 1986. Ferner E. Jain: Lebensphilosophie und west-östliche Mystik. In: Probleme philosophischer Mystik. Hg. von E. Jain und R. Margreiter. St. Augustin 1991, S. 263–283.

Philosophie nicht nur des Auslandes, aber auch im Blick auf alles spätere philosophische Denken, hat der junge Nietzsche den Satz »alles ist eins« auf eine mystische Intuition zurückgeführt und von ihm gesagt, wir begegneten ihm »bei allen Philosophien, samt den immer erneuten Versuchen, ihn besser auszudrücken« (KSA 1,813). Und noch der späte Nietzsche notiert in der Zeit des »Zarathustra«: »Eigentlicher Zweck alles Philosophierens die unio mystica« (KSA 11,232). Viele Lebensphilosophen haben in ähnlicher Weise Anregungen aus der Mystik übernommen.

Die Erfahrung des Einen kann als Grunderfahrung einer Philosophie gelten, der die Lebensphilosophen sich wieder zuwenden. Diese Grunderfahrung erscheint aber auch als Erfahrung des Seins. Im Abendland hat Parmenides hier den Anfang gemacht. Zwar haben manche Lebensphilosophen gerade dem Seinsgedanken den Gedanken des Werdens gegenübergestellt, doch liegt im Lebensgedanken immer schon auch ein Seinsbezug. Heidegger hat dies in »Sein und Zeit« bereits betont. Nach ihm liegt »in der rechtverstandenen Tendenz aller wissenschaftlichen ernsthaften ›Lebensphilosophie‹ ... unausdrücklich die Tendenz auf ein Verständnis des Seins des Daseins. Auffallend bleibt, und das ist ihr grundsätzlicher Mangel, daß ›Leben‹ selbst nicht als eine Seinsart ontologisch zum Problem wird« (GA 2,62).

Nachdem dies erkannt war, trat in der deutschen Philosophie der Seinsgedanke an die Stelle des Lebensgedankens, womit die Lebensphilosophie ein vorläufiges Ende fand. Daß neuerdings die Lebensphilosophie wieder stärker beachtet wird, ja daß sich eine Rückkehr zu ihr anzubahnen scheint, hat verschiedene Gründe, von denen noch kurz zu sprechen sein wird.

III.

Die schon durch die Rückkehr zur Seinsthematik seit Heidegger und Lavelle als als überwunden erscheinende und erst recht durch die Kritik von Georg Lukács als politisch verdächtig hingestellte und damit als endgültig erledigt geltende Lebensphilosophie ist in den letzten Jahren überraschend erneut auf starkes Interesse gestoßen. In seiner vor kurzem erschienenen »Lebensphilosophie« bemüht sich Ferdinand Fellmann um eine Erneuerung lebensphilosophischen Denkens, und zwar im Zusammenhang einer Theorie der Selbsterfahrung. Die Lebensphilosophie ist ihm von dort »zum faszinierenden Thema des gegenwärtigen Philosophierens« geworden[11]. Das wiedererwachte Interesse an der Lebensphilosophie wird von Fellmann folgendermaßen erklärt: »Daß die Lebensphilosophie immer noch faszinieren kann, beruht auf zweierlei: Zum einen lehrt sie, daß die philosophische Reflexion nur dann einen Wert hat, wenn sie dem Leben dient … Zum anderen sehe ich den Wert der Lebensphilosophie darin, daß sie Denkformen enthält, die reicher und flexibler sind als diejenigen der formalen Logik. Immer wieder kommen mir Zweifel, ob modische Formeln wie ›evaluative Rationalität‹ oder ›Rationalitätspräsupposition‹ wirklich einen Fortschritt gegenüber der lebensphilosophischen Einsicht in die Unhintergehbarkeit des Erlebens bringen«[12]. Einen anderen Versuch der Erneuerung lebensphilosophischen Denkens hat Elenor Jain in ihrer Gießener Habilitationsschrift »Das Prinzip Leben« unternommen, in welcher sie lebensphilosophische Ansätze in ihrer Bedeutung für die Pädagogik darstellt und für eine neue Theorie der ästhetischen Erziehung fruchtbar zu machen sucht[13]. Bei Michel Henry, insbesondere in seinem Buch »Radikale Lebensphänomenologie«[14], findet sich ein phänomenologisch gegründetes, aber sehr eigenständiges Denken, das man durchaus als einen neuen Weg der Lebensphilosophie verstehen kann und auch schon so verstanden hat[15].

Der Lebensphilosophie wird jetzt auch wieder in philosophiehistorischen Untersuchungen gedacht, beispielsweise in Gadamers Aufsatz »Dilthey und Ortega. Philosophie des Lebens«[16] oder in dem umfangreichen Buch von Theo Meyer: »Nietzsche. Kunstauffassung und Lebensbegriff«[17] oder in der Dissertation von Konstantin P. Romanòs »Heimkehr. Henri Bergsons lebensphilosophische Ansätze zur Heilung von erstarrtem Leben«[18]. Auch über weitere Lebensphiloso-

---

11 Lebensphilosophie. Elemente einer Theorie der Selbsterfahrung. Reinbek bei Hamburg 1993, S. 249.

12 A. a. O., S. 9f.

13 Das Prinzip Leben. Lebensphilosophie und Ästhetische Erziehung. Frankfurt a. M. 1993.

14 Freiburg-München 1992.

15 Vgl. dazu Dufour-Kowalska, G.: Michel Henry, un philosophe de la vie et de la praxis. Paris 1980; X. Tilliette: M. Henry: La philosophie de la vie. In: Philosophie 15 (1987), S. 3–20.

16 Gesammelte Werke Bd. 4. Tübingen 1987, S. 436–447.

17 Tübingen 1991.

18 Frankfurt a. M. 1988. Vgl. dazu R. Kühn: Auf dem Weg zu einer erneuerten Berg-

phen sind in den letzten Jahren Veröffentlichungen erschienen, so über Simmel, Theodor Lessing und Hermann Graf Keyserling, ebenso über den Deuter und Verteidiger der Lebensphilosophie, Georg Misch[19].

In den folgenden Kapiteln wird zunächst die Vorbereitung der Lebensphilosophie bei Friedrich Schlegel, Arthur Schopenhauer und Jean-Marie Guyau behandelt, danach die Grundlegung der Lebensphilosophie durch Nietzsche, Dilthey und Bergson. Ein weiteres Kapitel ist den Denkern gewidmet, die die Gedanken dieser »Gründer« weiterführten: Georg Simmel, August Messer, Ludwig Klages, Theodor Lessing und in Spanien Ortega y Gasset. Es folgt ein Kapitel über Interpreten der Lebensphilosophie wie Scheler, Misch, Lersch und Bollnow. Den Abschluß bildet ein Bericht über Kritiker der Lebensphilosophie, vor allem Rickert und Lukács.

---

son-Rezeption und lebensphilosophischen Besinnung. In: Philos. Rundschau 36 (1989), S. 232–244; K. Albert: Ober das Wiedererwachen lebensphilosophischen Denkens. In: Philos. Literaturanzeiger 48 (1995), S. 77–88. Hier: S. 82f.

[19] Vgl. dazu das Literaturverzeichnis am Ende des Bandes.

1. Vorbereitung

Wir beginnen mit einigen Betrachtungen zur Vorbereitung des lebensphilosophischen Denkens durch Friedrich Schlegel, Arthur Schopenhauer und Jean-Marie Guyau. Diese drei Denker haben in entscheidendem Maße Einflüsse auf die eigentlichen Begründer der Lebensphilosophie im ausgehenden 19. und beginnenden 20. Jahrhundert ausgeübt: auf Nietzsche, auf Dilthey und auf Bergson.

1. Friedrich Schlegel

Zunächst also Friedrich Schlegel. Er ist 1772 als Sohn eines protestantischen Geistlichen in Hannover geboren, so daß zumindest für diesen Anfang Nietzsches Wort vom protestantischen Pfarrer als dem Großvater der deutschen Philosophie zutrifft (KSA 6,176). Im Jahre 1829 ist Schlegel in Dresden gestorben. Zwischen diesen Jahren liegt ein bewegtes Leben, das in einer ungewöhnlichen Ehe, im Übertritt zum Katholizismus und in einer Reihe vielbeachteter Werke seine Höhepunkte hatte. Schlegels Denken ist durch die deutsche Romantik bestimmt und durch die Freundschaft mit den bedeutendsten Romantikern wie August Wilhelm Schlegel (seinem Bruder, der mit Caroline, der späteren Gattin Schellings, verheiratet war), mit Achim von Arnim, mit Brentano und seiner Schwester Bettina (die später Achim von Arnim heiratete), mit Ludwig Tieck, mit Novalis, mit Franz von Baader, mit Schleiermacher und mit Friedrich Heinrich Jacobi.

I.

Man kann die denkerische Entwicklung Schlegels in drei Perioden einteilen. Die erste reicht ungefähr bis ins Jahr 1801. In dieser Periode gründet Friedrich 1798 gemeinsam mit seinem Bruder August Wilhelm Schlegel in Berlin die Zeitschrift »Athenäum«, in der Friedrich

»Fragmente« veröffentlicht, in der aber auch die »Hymnen an die Nacht« von Novalis und die »Beiträge zur Kritik der neuesten Literatur« des Bruders August Wilhelm erscheinen. Auch Tieck und Schelling waren gelegentliche Mitarbeiter dieser frühromantischen Zeitschrift. Aus dieser Epoche stammt auch der Briefroman »Lucinde«, der damals teilweise als skandalös empfunden wurde und heftige Diskussionen auslöste. Wir werden auf diesen Roman noch näher einzugehen haben, weil er ein für die Lebensphilosophie charakteristisches Thema aufgreift: das Verhältnis der Geschlechter. Schließlich gehört in die erste Phase der philosophischen Entwicklung Schlegels, daß er sich in Jena habilitiert und im Wintersemester 1800/1801 eine Vorlesung »Über Transzendentalphilosophie« hält, die wir allerdings nur aus Nachschriften kennen. Zweierlei sei immerhin hier hervorgehoben. Erstens taucht hier zum ersten Mal der Begriff einer »Lebensphilosophie« auf[1], zweitens entwirft Schlegel die Idee einer »Philosophie der Philosophie«, die später von Dilthey aufgenommen wird[2].

Schon 1801 gibt Schlegel jedoch die akademische Lehrtätigkeit wieder auf und führt von da an ein durch ständigen Wechsel des Wohnortes bestimmtes unruhiges Leben. Nach Aufenthalten in Berlin, Dresden, Leipzig und Paris (wo er 1804 die geschiedene Dorothea Veit heiratet, die älteste Tochter des Aufklärungsphilosophen Moses Mendelssohn) geht er nach Köln, wo er im Zusammenhang mit der geplanten Eröffnung einer Universität eine Professur zu erhalten hofft und wo er schließlich 1808 zum Katholizismus übertritt (Schlegels Kölner Wohnhaus gegenüber der Kirche Maria im Kapitol ist noch erhalten). Obwohl es nicht zur Universitätsgründung kommt, hat Schlegel doch Gelegenheit, wenigstens im privaten Kreis philosophische Vorlesungen zu halten. So spricht er 1804 und 1805 über »Die Entwicklung der Philosophie« und gibt darin im ersten Teil eine »Charakteristik der verschiedenen Arten von Philosophie« sowie einen Überblick über die Geschichte der Philosophie von Thales angefangen bis hin zu Kant, Fichte, Schelling und Jacobi (von Hegel ist auffälligerweise nicht weiter die Rede, worüber später noch ein Wort zu sagen sein wird). Nur am Rande sei bemerkt, daß Schlegel in seinen Ausführungen zu Platon die auf Schleiermachers Platon-Übersetzung zurückgehende Meinung vertritt, allein in den uns erhalte-

---

[1] Kritische Ausgabe (= KA) Bd. 12, S. 78.
[2] GS 8,190. 269. Vgl. auch GS 5, 349–416.

nen Dialogen sei die Philosophie Platons enthalten und es gebe keine »ungeschriebene Lehre« Platons, von der einige antike Berichte sprechen[3]. Für die Vorgeschichte der Lebensphilosophie ist aus der zweiten Phase der philosophischen Entwicklung Schlegels besonders wichtig auch die 1808 veröffentlichte Schrift »Über die Sprache und Weisheit der Indier«. Dieses Interesse für indische Philosophie findet sich bei vielen Lebensphilosophen, nicht zuletzt angeregt wohl auch durch Schopenhauer.

Schließlich noch einige allgemeine Hinweise zur dritten Phase der Entwicklung des Schlegelschen Denkens. Sie beginnt vielleicht schon mit der Übersiedlung nach Wien 1808, wo Schlegel bis 1828, also bis kurz vor seinem Tod, gelebt hat. Aus dieser Zeit sind die großen Vorlesungszyklen über »Philosophie des Lebens«, »Philosophie der Geschichte« und die »Vorlesungen über die Philosophie der Sprache und des Wortes« aus den Jahren 1827 und 1828 von Bedeutung. Diese letzte Vorlesung begann Schlegel im Dezember 1828 in Dresden, konnte sie aber nicht zu Ende führen, da er schon im Januar 1829 starb. In den Vorlesungen über die »Philosophie des Lebens« setzt sich Schlegel auch mit Hegel auseinander, den er aber nicht mit Namen nennt. Mit diesem seinem Gegner sei die deutsche Philosophie »wieder ganz zurückgekehrt in den leeren Raum des absoluten Denkens«, wobei in Hegels System ein Geist der Verneinung herrsche und worin »anstatt des lebendigen Gottes dieser ihm entgegenstehende Geist der Verneinung in abstrakter Verirrung aufgestellt und vergöttert wird; so daß also auch hier wieder nur eine metaphysische Lüge an die Stelle der göttlichen Wirklichkeit tritt«[4]. Hegel seinerseits hat von Anfang an Schlegel kritisiert, ihm schließlich die Fähigkeit abgesprochen, »philosophische Sätze oder gar eine entwikkelte Folge von solchen auszusprechen«[5], ja, ihm sei »das Bedürfnis der denkenden Vernunft und damit das Grund-Problem derselben und einer bewußten und gegen sich ehrlichen Wissenschaft der Philosophie fremd geblieben«[6].

Wir schließen damit die Hinweise zur Biographie Schlegels und zur Entwicklung der Schlegelschen Philosophie ab und wenden uns

[3] Vgl. dazu den Aufsatz von H. Krämer Fichte, Schlegel und der Infinitismus in der Platondeutung. In: DVf.Lit.wiss. u. Geistesgeschichte 62 (1988), S. 583–621.

[4] KA 10,16f.

[5] WW Glockner 20, 161.

[6] A.a.O. 20, 162.

nun den Themen zu, die diese Philosophie mit der Lebensphilosophie um die Jahrhundertwende verbindet. Es scheinen vor allem drei zu sein: erstens die Entwicklung des Begriffs der Lebensphilosophie selbst, zweitens die Beschäftigung mit indischer Philosophie, drittens das romantische Philosophieren über Liebe und Ehe.

II.

Zunächst also einige Bemerkungen über Schlegels Begriff der Philosophie, wie er in den Wiener Vorlesungen erscheint, also in der letzten Phase der Entwicklung des Schlegelschen Denkens.

Schlegel sieht die Philosophie seiner Zeit auf völlig falschen Wegen. Sie verliere ihren Gegenstand aus den Augen, weil sie nämlich entweder sich in bodenlose Spekulationen gewissermaßen in den Himmel versteige oder allzu irdisch in die äußere Wirklichkeit einzugreifen versuche: »Zwischen diesen beiden Abwegen würde der rechte Weg in der Mitte liegen, und die eigentliche Region der Philosophie ist eben die des geistigen inneren Lebens zwischen Himmel und Erde«[7]. Das, was Schlegel dann unter »Philosophie des Lebens« versteht, ist eine Philosophie des »geistigen inneren Lebens«. In den Dresdener Vorlesungen aus den letzten Lebensmonaten Schlegels heißt diese Philosophie dann auch »innere und geistige Erfahrungswissenschaft«[8], die vom »Gefühl des Lebens« ausgeht[9].

Die Philosophie des Lebens verlangt daher auch eine ganz andere Betrachtungsweise als eine Philosophie, die entweder ins Theologische oder ins Politische hinein strebt. Ihr Gegenstand ist dementsprechend ein ganz anderer: »Der Gegenstand der Philosophie ist also das innere geistige Leben, und zwar in seiner ganzen Fülle«. Es bedarf daher auch keiner besonders auffälligen Methode: »Darin liegt nun der große Unterschied zwischen einer Philosophie des Lebens und der Philosophie der Schule«[10]. Schlegel trennt hier also scharf die von ihm entfaltete Lebensphilosophie von der Schulphilosophie, d. h. der Universitätsphilosophie. Diese Trennung hat dann Schopenhauer noch stärker betont. Sie wird später bei fast allen Lebensphilosophen

---

[7] KA 10, 4.
[8] KA 10, 358.
[9] KA 10, 325.
[10] KA10, 7.

eine Rolle spielen. Für Schlegel ist die Lebensphilosophie vor allem eine lebendige Philosophie. Das gilt auch für die Frage nach der Methode: »In der Philosophie des Lebens muß auch die Methode eine lebendige sein und darf keineswegs vernachlässigt werden; aber nicht überall braucht sie in gleichem Maße angewandt zu werden und sichtbar hervorzutreten, sondern überall nur so viel als es der Zweck erfordert«[11].

Lebensphilosophie und Universitätsphilosophie unterscheiden sich auch durch ihre Ausdrucksweise. Sie vermeidet daher das allzu Abstrakte und Schwerverständliche: »Ganz entfernt ist die lebendige Philosophie von dieser Versteigung in das Unverständliche der leeren Abstraktion, und da die Gegenstände keine anderen sind, als die (welche) jeder Mensch von einem schon einigermaßen vollständig entwickelten Bewußtsein in seinem Innern hat und kennt: so hindert nichts, daß auch der Vortrag durchaus klar, leicht und lebendig sein kann«[12]. In den Dresdener Vorlesungen geht Schlegel hier noch weiter, indem er einerseits die Umgangssprache, aber andererseits unter gewissen Umständen sogar die philosophische Schulsprache zuläßt (gemeint ist wohl vor allem das grausige Deutsch der Kantischen Philosophie): »Überall her kann und mag die Philosophie des Lebens ihre Ausdrücke nehmen und entlehnen, zunächst aus dem Leben selbst, und auch die flüchtigen schnell vorüberfliehenden Ausdrucksformen und Wendungen der gesellschaftlichen Konversationssprache können ihr manchmal zur treffenden Bezeichnung dienen. Aber auch aus allen andern Wissenschaften lassen sich solche herausfinden, und selbst aus der zum Teile schon veralteten, ungeschickten Terminologie und barbarischen Schulsprache der ehemaligen deutschen Philosophie läßt sich für die Sprache und den Reichtum der Sprache, dessen die lebendige Philosophie bedarf, ein Gewinn ziehen, und hie und da von einem einzelnen Ausdruck, in einer ganz veränderten Anwendung und in einem durchaus neuen und dadurch nun wieder oder auch nun erst verständlich gewordnen Sinne ein glücklicher Gebrauch zur treffenden Bezeichnung dessen machen, was so schwer zu bezeichnen ist und aller Bezeichnung oft zu entfliehen scheint«[13]. Deshalb lehnt Schlegel auch das Festhalten und durchgängige Benutzen einer bestimmten Terminologie ab.

---

[11] KA 10, 9.
[12] KA 10, 8.
[13] KA 10, 457

Es geht Schlegel eben immer um ein lebendiges Philosophieren. So beginnt die neunte Wiener Vorlesung folgendermaßen: »Die Philosophie des Lebens kann keine bloße Vernunftwissenschaft sein, am wenigsten eine unbedingte; denn diese führt erstlich in ein Gebiet von toten Abstraktionen, welche dem Leben fremd sind; und durch den der Vernunft angebornen dialektischen Streit wird dieses Gebiet in ein Labyrinth von widersprechenden Meinungen und Begriffen verwandelt, aus welchem die Vernunft allein mit allen ihren dialektischen Waffen niemals den Ausweg finden kann; und eben dadurch wird das Leben, das innre und geistige Leben nämlich, gestört und zerstört«[14]. Gegner dieser Schlegelschen Auffassung, etwa der marxistische Kritiker der Lebensphilosophie Lukács, halten dergleichen für Irrationalismus. Schlegel hat aber nichts gegen die Vernunft in der Philosophie, sondern nur etwas gegen die Alleinherrschaft der Vernunft in der Philosophie. Die Vernunft muß ja zuvor etwas vernommen haben, und dieses Vernommene ist das innere Leben des Geistes. So jedenfalls sieht es Schlegel. Nicht alles, was über das rationale Denken hinausgeht, ist deshalb schon mit dem Vorwurf des Irrationalismus zu belegen.

Zur Schlegelschen Philosophie des Lebens gehört ferner, daß sie nicht nur keine bloße Vernunftwissenschaft sein will, sondern auch keine bloße Naturphilosophie. Schlegels gerade nach seiner Konversion betont religiöses Denken bezieht in die Philosophie immer auch den Gottesgedanken ein. So betont Schlegel zwar, daß die Philosophie des Lebens immer auch »eine durchaus menschliche Wissenschaft und Erkenntnis des Menschen« sei. Dann aber fährt er fort: »und eben darum, und weil der Mensch nur mittelst seiner durchgängigen Beziehung auf Gott über der Natur steht und etwas Höheres ist als ein bloßes Naturwesen und etwas Höheres als eine bloße Vernunftmaschine: ist die Philosophie des Lebens auch wirklich und in der Tat eine wahre Gottes-Philosophie«, und zwar deshalb, »weil das höchste Leben und der Urquell alles andern Lebens ja eben Gott ist«. Gott aber ist das höchste Leben, denn er hat »sein Leben in sich selbst«[15].

An der soeben zitierten Stelle deutet sich schließlich noch an, daß die Schlegelsche Lebensphilosophie ein anthropologisches Moment enthält. Eine Philosophie, die lebendig denken will, muß ja den Menschen in den Blick nehmen. Dieser anthropologische Aspekt fin-

---

14 KA 10, 165. Vgl. auch 10, 325.
15 KA 10, 167.

det sich auch bei anderen philosophischen Richtungen, die später in der Nachbarschaft der Lebensphilosophie entstehen werden. Bei Max Scheler und Paul Ludwig Landsberg gibt es eine Lehre vom Menschen, die manche Berührungspunkte mit der Lebensphilosophie hat. Max Scheler ist ja nicht nur der Begründer der modernen philosophischen Anthropologie, sondern auch derjenige, der zuerst über Nietzsche, Dilthey und Bergson als Begründer der Lebensphilosophie eine längere Abhandlung verfaßt hat.

III.

Wir kommen nun zu einem zweiten Thema der Schlegelschen Philosophie, das innerhalb der späteren Lebensphilosophie eine wichtige Rolle gespielt hat. In der Lebensphilosophie des 20. Jahrhunderts findet sich nämlich in Anknüpfung an Schopenhauer ein lebhaftes Interesse für indische Philosophie und Mystik. Auf diesem Felde aber war Friedrich Schlegel bahnbrechend. Während seines Aufenthalts in Paris hatte er von einem aus Indien zurückgekehrten Engländer Unterricht im Sanskrit genommen, erlernte diese Sprache in wenigen Monaten so, daß er altindische Texte in der Ursprache lesen konnte. Mit seinem 1808 erschienenen Buch »Über die Sprache und Weisheit der Indier« fand er bei den Romantikern erhebliche Beachtung. Er veranlaßte auch seinen Bruder August Wilhelm, sich mit dem Sanskrit zu beschäftigen, der damit tatsächlich 1814 begann und 1818 die erste Professur für Sanskrit in Deutschland an der Universität Bonn erhielt und durch zahlreiche Arbeiten zum Begründer der indischen Philologie in Deutschland wurde.

Nur einige wenige Worte möchte ich zu Schlegels Buch über die indische Sprache und die Philosophie der Inder sagen. Einzelheiten sind hier nicht wichtig, weil die Bedeutung dieses Buch allein in der Eröffnung einer bestimmten Thematik liegt, die dann für die Lebensphilosophie von Einfluß war, nicht aber in dem besonderen Inhalt, der inzwischen längst überholt ist. Ein grober Überblick sei aber doch gegeben.

Das Werk ist in drei Bücher eingeteilt. Das erste Buch beschäftigt sich mit der Sprache der alten Inder, mit dem Sanskrit. Schlegel erkannte hier noch vor Franz Bopp, dem Begründer der vergleichenden Sprachwissenschaft und dem 1916 als erstem der wissenschaftliche Beweis für die Verwandtschaft der indogermanischen Sprachen gelang, die auf gemeinsame Abstammung hinweisende Ähnlichkeit des Sanskrit mit der lateinischen, griechischen, germanischen und der persischen Sprache (welche letztgenannte er ebenfalls in Paris studiert hatte). Auch er sah bereits, daß von diesen Sprachen das Sanskrit die älteste war.

Im zweiten Buch geht Schlegel auf das ein, was er die ›Philosophie‹ der alten Inder nennt. Dargestellt wird unter anderem die Seelenwanderungslehre, die sich ja auch bei Pythagoras findet und die deshalb mit der indischen Lehre in Verbindung gebracht wird. Ein zweites Thema ist die Naturverehrung und Astrologie der indischen Religion, ein drittes die Lehre von den zwei Prinzipien des Guten und des Bösen. Den Abschluß des Buches bildet eine Betrachtung über den indischen Pantheismus, der auch mit dem bei den alten Chinesen vermuteten Pantheismus verglichen wird. Genauere Kenntnisse von der altchinesischen Philosophie haben sich später die Lebensphilosophen des 20. Jahrhunderts verschafft.

Weniger zum Thema gehört das dritte Buch des Werks, in welchem unter dem Titel »Historische Ansichten« mehrere recht verschiedene Dinge zusammengestellt werden, u. a. einiges über den Ursprung der Poesie, auch gibt es Übersetzungen indischer Texte aus Prosa und Poesie.

IV.

Zur modernen Lebensphilosophie gehört schließlich auch das Aufbegehren gegen bürgerliche Moralvorstellungen (die freilich schon im 18. Jahrhundert keineswegs so streng beachtet wurden, wie mancher heute noch glaubt). Ein solches Aufbegehren gegen die Moral des damaligen Bürgertums, insbesondere gegen die bestehenden Ansichten über Liebe und Ehe, finden wir nun, und zwar in aufsehenerregender Weise, bei Friedrich Schlegel.

In seiner schönen Einleitung zum 5. Band der »Kritischen Friedrich-Schlegel-Ausgabe« hat der Germanist Hans Eichner in Anlehnung an Paul Kluckhohns Buch »Die Auffassung der Liebe im 18. Jahrhundert und in der Romantik«[16] das Verständnis von Liebe und Ehe zur Zeit Schlegels behandelt. Charakteristisch für das 18. Jahrhundert war die Auffassung, daß Liebe und Ehe etwas ganz

[16] Halle 1922, 3. Aufl. 1966.

Verschiedenes seien. In der Ehe wurde die Frau nur als Geschlechtswesen verstanden, die ihrem Manne zu dienen und ihm gehorsam zu sein hatte. Liebe gab es nach der Vorstellung der Epoche nur außerhalb der Ehe. Nach Jean Paul endet die Liebe schon mit dem ersten Kuß, und ein französischer Adeliger stellt roh fest: »Man liebt die Frau nicht mehr von Herzen, mit der man schläft« (»on n'aime plus par le coeur les femmes avec qui on couche«).

Schlegel entwickelt ein neues Frauenideal, und zwar nicht zunächst aus Überlegung, sondern aufgrund der Begegnung mit Frauen, in denen er ein neues Frauenbild verwirklicht fand. Hier ist besonders Caroline Schlegel zu erwähnen (die Tochter des Theologen und Orientalisten Johann David Michaelis, zuerst verheiratet mit dem Bergarzt Böhmer in Clausthal, dann nach dessen Tod und einigen Abenteuern mit französischen Offizieren in Mainz Heirat mit A. W. Schlegel, von dem sie sich später scheiden ließ, um Schellings Frau zu werden). In dieser Frau sah Schlegel die Möglichkeit verwirklicht, Liebe und Ehe zu verbinden. Das Wesen des Mannes und das Wesen der Frau waren nach seiner Auffassung bisher viel zu stark unterschieden worden. Männer und Frauen hätten die gleiche Bestimmung: »Die Weiblichkeit soll wie die Männlichkeit zu höhern Menschlichkeit gereinigt werden«. Und: »Was ist häßlicher als die überladne Weiblichkeit, was ist ekelhafter als die übertriebne Männlichkeit …?«[17]. Oder: »Der herrschsüchtige Ungestüm des Mannes und die selbstlose Hingegebenheit der Weiber ist … übertrieben und häßlich. Nur selbständige Weiblichkeit, nur sanfte Männlichkeit ist gut und schön«[18].

Die Begegnung mit einer anderen Frau bringt Schlegel in seiner Auffassung von Liebe und Ehe noch einen Schritt weiter. Die in seiner Epoche übliche Trennung von sinnlicher und geistiger Liebe, von Ehe und Liebe wird nun gänzlich überwunden. Im literarischen Zirkel des jüdischen Arztes Marcus Herz hatte Schlegel nämlich Dorothea, die älteste Tochter des Aufklärungsphilosophen Moses Mendelssohn kennengelernt, welche dieser mit dem Bankier Simon Veit verheiratet hatte und die mit ihrem Mann eine freudlose Ehe führte. Dorothea Veit war nach der Begegnung mit Schlegel schon nach etwas mehr als einem Jahr entschlossen, sich scheiden zu lassen. Sie trennte sich von ihrer Familie und wurde 1799 geschieden. In diesem Jahr

[17] KA 1, 92.
[18] KA 1, 93.

erschien Schlegels Roman »Lucinde«, in der er seine Vorstellungen von Liebe und Ehe darlegte, und zwar so, daß die Zeitgenossen in der Romanheldin leicht Dorothea und in Julius, ihrem Geliebten, leicht Schlegel selbst erkennen konnten. Das vor allem löste einen erheblichen Skandal aus, jedoch ebenso die recht freien erotischen Schilderungen (obwohl übrigens die Zeit, etwa von Wieland, schon allerhand dergleichen kannte).

In der Beziehung zu Dorothea Veit erfährt Schlegel die Einheit von sinnlicher und geistiger Liebe. Julius nennt seine Lucinde eine Frau, »die mir zugleich die zärtlichste Geliebte und die beste Gesellschaft« ist »und auch eine vollkommene Freundin«[19]. Die geistige Seite dieser Beziehung reicht bis ins Religiöse hinein, ohne daß die sinnliche dabei wegfällt. So heißt es schon im ersten Brief, den Julius an Lucinde schreibt: »Witz und Entzücken begannen nun ihren Wechsel und waren der gemeinsame Puls unseres vereinten Lebens; wir umarmten uns mit eben so viel Ausgelassenheit als Religion«[20]. Und etwas später wendet sich Julius in einer »dithyrambischen Fantasie über die schönste Situation« an Lucinde und äußert dabei: »Durch alle Stufen der Menschheit gehst du mit mir von der ausgelassensten Sinnlichkeit bis zur geistigsten Geistigkeit, und nur in dir sah ich wahren Stolz und wahre weibliche Demut«[21]. In der Liebe gibt es auch keinen Rangunterschied mehr zwischen Mann und Frau. Beide sind gleich. In dem Abschnitt »Lehrjahre der Männlichkeit« lesen wir bei der Schilderung der ersten Begegnungen zwischen Julius und Lucinde: »Die wunderbare Gleichheit zog den Jüngling bald in ihre Nähe, er bemerkte, daß auch sie diese Gleichheit fühle«[22].

Wir verfolgen das jetzt nicht weiter. Unser Ziel ist ja ein anderes: es geht um Schlegel als Vorläufer der Lebensphilosophie des 20. Jahrhunderts. In der Liebe erscheint das Leben als Einheit von Sinnlichkeit und Geistigkeit. Diese Einheit läßt sich aber noch tiefer verstehen, indem wir das philosophische Moment stärker hervorheben. Ich nehme dazu einen Text aus dem Abschnitt »Idylle über den Müßiggang«. Eine kurze Stelle daraus klingt zunächst gar nicht so sehr philosophisch: »In der Tat: man sollte das Studium des Müßiggangs nicht so sträflich vernachlässigen, sondern es zur Kunst und Wissen-

---

[19] KA 5, 8.
[20] KA 5, 7 f.
[21] KA 5, 11.
[22] KA 5, 53.

schaft, ja zur Religion bilden! Um alles in Eins zu fassen: je göttlicher ein Mensch oder ein Werk des Menschen ist, je ähnlicher werden sie der Pflanze; diese ist unter allen Formen der Natur die sittlichste und die schönste. Und also wäre ja das höchste vollendetste Leben nichts als ein reines Vegetieren«[23].

Hier wird aber gewiß kein Loblied auf die Faulheit gesungen. Vielmehr wird, wie der Text klar sagt, von der höchsten Stufe der Vollendung des Lebens gesprochen. Für unsere Ohren klingt es freilich zunächst befremdlich, daß diese höchste Stufe ein »reines Vegetieren« sein soll. Der Ausdruck meint jedoch im Zusammenhang des Textes die Lebensweise der Pflanze. Das Leben der Pflanze aber vollzieht sich (jedenfalls in der Gestalt, in der sie uns erscheint) als einfaches Dasein. Die Pflanze erscheint uns als ein Wesen, das nichts tut, nichts erstrebt, sondern einfach nur sich ins Sein gestellt hat. Die Pflanze ist auf diese Weise Bild für das schlechthinnige Sein. Daher ihre Unschuld, ihre unschuldige Sittlichkeit, und ihre Schönheit, durch welche das Sein ins Licht tritt, zur Erscheinung kommt. In dem Eindruck, den die Pflanze auf uns macht, verbindet sich der Lebensgedanke mit dem Seinsgedanken. Bei Schlegel deutet sich daher schon an, was sich in der Lebensphilosophie unseres Jahrhunderts vollzogen hat: die Erweiterung des Lebensgedankens zum Seinsgedanken.

2. Arthur Schopenhauer

Bei Schopenhauer kommt, anders als bei Schlegel, der Begriff der Lebensphilosophie zwar nicht vor, aber bereits dadurch, daß Schopenhauer entscheidend auf Nietzsches Denken eingewirkt hat, gehört er in die Vorgeschichte der Lebensphilosophie. Sein Einfluß war sogar noch größer als der von Schlegel auf Diltheys Philosophie. So erscheint Schopenhauers Hauptwerk »Die Welt als Wille und Vorstellung« mit seinen Grundbegriffen »Wille« und »Vorstellung« bei Nietzsche in seinen Begriffen des »Dionysischen« und des »Apollinischen«.

---

[23] KA 5, 27.

I.

Die Beziehungen zwischen dem Werk Schopenhauers und der Lebensphilosophie sind aber noch enger. Man kann durchaus sagen, das Thema des Lebens stehe ganz im Zentrum des Schopenhauerschen Denkens. Schon die Philosophie selbst läßt Schopenhauer aus dem Gedanken an den Tod hervorgehen, also aus dem Gedanken an das Ende des Lebens, der allein dem Menschen möglich ist. Im zweiten Band des Werks »Die Welt als Wille und Vorstellung« schreibt Schopenhauer: »Der Tod ist der eigentliche inspirierende Genius oder der Musaget der Philosophie ... Schwerlich sogar würde auch ohne den Tod philosophiert werden«[24]. Nach Platon und Aristoteles gründet die Philosophie in der Erfahrung des Staunens. Diesen Gedanken greift Schopenhauer auf und verbindet ihn mit dem Gedanken des Todes als der Wesenserfahrung des Menschen: »Den Menschen ausgenommen, wundert sich kein Wesen über sein eigenes Dasein, sondern ihnen allen versteht das Dasein sich so sehr von selbst, daß sie es nicht bemerken ... Erst nachdem das innere Wesen der Natur (der Wille zum Leben in seiner Objektivation) sich durch die beiden Reiche der bewußtlosen Wesen und dann durch die lange und breite Reihe der Tiere rüstig und wohlgemut gesteigert hat, gelangt es endlich, also im Menschen, zum ersten Male zur Besinnung: dann wundert es sich über seine eigenen Werke und fragt sich, was es selbst sei. Seine Verwunderung ist aber um so ernstlicher, als es hier zum ersten Male mit Bewußtsein dem Tode gegenübersteht und neben der Endlichkeit alles Daseins auch die Vergeblichkeit alles Strebens sich ihm mehr oder minder aufdringt. Mit dieser Besinnung und dieser Verwunderung entsteht daher das dem Menschen allein eigene Bedürfnis einer Metaphysik: er ist sonach ein animal metaphysicum«[25]. Der Gedanke an den Tod als dem Ende des Lebens macht also den Menschen zum Philosophen und zum Metaphysiker. Denn: »Wenn unser Leben endlos und schmerzlos wäre, würde es vielleicht doch keinem einfallen zu fragen, warum die Welt da sei und gerade diese Beschaffenheit habe, sondern eben auch sich alles von selbst verstehen«[26]. Schopenhauer versteht also das Staunen, von dem Platon und Aristo-

---

[24] WW 3, 528f. (Hübscher). Die originelle Orthographie Schopenhauers wurde normalisiert.
[25] WW 3, 175f.
[26] WW 3, 177.

teles sprachen, als Staunen über die Welt und das Dasein überhaupt. Diesen Gedanken haben später Max Scheler und Martin Heidegger aufgenommen und in ihrem Sinne weiterentwickelt. Wir werden über beide Denker noch einiges sagen müssen, da beide in der Nachbarschaft der Lebensphilosophie stehen.

II.

Aus der soeben zitierten Schopenhauer-Stelle ging schon hervor, was unter dem »Willen« zu verstehen ist: »Wille zum Leben«. Der Wille ist die eigentliche Wirklichkeit: »Der Wille allein ist: er, das Ding an sich«[27]. Von ihm und seiner Beziehung zum Leben heißt es: »Der Wille, welcher rein an sich betrachtet erkenntnislos und nur ein blinder, unaufhaltsamer Drang ist, wie wir ihn noch in der unorganischen und vegetabilischen Natur und ihren Gesetzen wie auch im vegetativen Teil unseres eigenen Lebens erscheinen sehn, erhält durch die hinzugetretene, zu seinem Dienst entwickelte Welt der Vorstellung die Erkenntnis von seinem Wollen und von dem, was es sei, das er will, daß es nämlich nichts anderes sei als diese Welt, das Leben, gerade so, wie es dasteht«[28]. Das bedeutet, daß die durch die Vorstellung ermöglichte Selbsterkenntnis des Willens und die Bejahung oder Verneinung dieses Willens »die einzige Begebenheit an sich« ist[29]. Den wesenhaften Bezug des Willens betont Schopenhauer noch durch die Bemerkung: »und da, was der Wille will, immer das Leben ist, eben weil dasselbe nichts weiter als die Darstellung jenes Wollens für die Vorstellung ist; so ist es einerlei und nur ein Pleonasmus, wenn wir, statt schlechthin zu sagen ›der Wille‹, sagen, ›der Wille zum Leben‹[30]. Der Wille zum Leben ist daher »das, wovon die Philosophie auszugehen hat«, indem der Wille zum Leben sich nicht infolge der Welt einfindet, sondern die Welt infolge des Willens zum Leben«[31]. So steht also der Schopenhauersche Willensbegriff als Zentralbegriff seiner Philosophie in engem Zusammenhang mit dem Begriff des Le-

---

27 WW 2, 216.
28 WW 2, 323.
29 WW 2, 323.
30 WW 2, 324.
31 WW 3, 410.

bens, und Schopenhauers Denken enthält damit Ansätze zur Lebensphilosophie des 20. Jahrhunderts.

III.

Es gibt gewisse charakteristische Themen der späteren Lebensphilosophie. Eines davon ist der Versuch, sich gegen die bisherige akademische Philosophie abzugrenzen. Und auf diesem Gebiet ist Schopenhauer wirklich einer der führenden Kritiker der Universitätsphilosophie. Zwar hat er selbst eine Zeitlang an der Berliner Universität gelehrt und dort 1820 eine Vorlesung »Über die gesamte Philosophie oder die Lehre vom Wesen der Welt und vom menschlichen Geist« gehalten, doch hatte er geringen Zuspruch bei den Studierenden (zumal er seine Vorlesung genau zur gleichen Zeit wie Hegel hielt) und gab daher seine Universitätspläne bald wieder auf. Seine Vorbehalte gegen die Universitätsphilosophie hat er in einem Aufsatz zusammengetragen, der 1851 in dem Sammelband »Parerga und Paralipomena« erschien: »Über die Universitäts-Philosophie«. Aus diesem Aufsatz seien doch einige der kräftigen Worte unseres Philosophen angeführt. Nachdem er ein paar positive Bemerkungen darüber gemacht hat, daß an den Universitäten Philosophie gelehrt wird, beginnen die Bedenken mit der Vermutung, daß an den Universitäten die Philosophie ja im Auftrage der Regierung gelehrt werde und daher nicht ohne weiteres der Wahrheit dienen könne: »Zuvörderst nämlich wird eine Regierung nicht Leute besolden, um dem, was sie durch tausend von ihr angestellte Priester oder Religionslehrer von allen Kanzeln verkünden läßt, direkt oder auch nur indirekt, zu widersprechen«[32]. »In Folge hiervon wird, so lange die Kirche besteht, auf den Universitäten stets nur eine solche Philosophie gelehrt werden dürfen, welche, mit durchgängiger Rücksicht auf die Landesreligion abgefaßt, dieser im wesentlichen parallel läuft und daher stets … doch im Grunde und in der Hauptsache nichts anderes als eine Paraphrase und Apologie der Landesreligion ist«[33]. Schopenhauer spricht hier durchaus im Blick auf damalige Zustände. Spinoza hatte wegen dieser 1673 die Berufung auf eine Professur an der Universität Hei-

[32] WW 5, 149 f.
[33] WW 5, 150 f.

delberg abgelehnt, Christian Wolff war 1723 in Halle von Friedrich Wilhelm I. amtsenthoben und des Landes verwiesen worden, Fichte mußte 1800 wegen des Vorwurfs des Atheismus die Universität Jena verlassen. Den an den Universitäten Lehrenden wirft Schopenhauer vor, sie täten dies nur, um »mit Ehren ein redliches Auskommen für sich, nebst Weib und Kind, zu erwerben, auch ein gewisses Ansehn vor den Leuten zu genießen«[34]. Ein wahrer Philosoph sei daher in den seltensten Fällen ein Philosophieprofessor. Ein solcher lehre eben nur eine »Kathederphilosophie«. Über solche »Kathederphilosophen« fallen dann bei Schopenhauer kräftige Worte. Die Lehren Fichtes gelten ihm als »Windbeuteleien«[35], die Philosophie Hegels ist »Afterphilosophie«, dieser selbst ein »Unsinnschmierer und Kopfverderber«[36]. Zu Hegel, bei dessen Erwähnung Schopenhauer meist die Selbstbeherrschung verläßt, gibt es die heftigsten Schmähungen, von denen ich eine Stelle, die im Zusammenhang mit Schopenhauers Kritik der akademischen Philosophie steht, hier anführen möchte: »Wem … noch ein Zweifel über Geist und Zweck der Universitätsphilosophie bliebe, der betrachte das Schicksal der Hegelschen Afterweisheit. Hat es ihr etwa geschadet, daß ihr Grundgedanken der absurdeste Einfall, daß er eine auf den Kopf gestellte Welt, eine philosophische Hanswurstiade war und ihr Inhalt der hohlste, sinnleerste Wortkram, an welchem jemals Strohköpfe ihr Genüge gehabt, und daß ihr Vortrag in den Werken ihres Urhebers selbst der widerwärtigste und unsinnigste Gallimathias ist, ja an die Deliramente der Tollhäusler erinnert? O nein, nicht im mindesten!«[37]. Der Text fährt in diesem Stil fort, doch muß uns das soeben Zitierte genügen.

IV.

Neben der Kritik an der Universitätsphilosophie findet sich bei Schopenhauer noch ein anderes Thema, das für die spätere Lebensphilosophie von Bedeutung wurde, und zwar nicht zuletzt durch das Vorbild der Schopenhauerschen Philosophie: die mystische Weisheit der altindischen Upanischaden und, von ihr ausgehend, überhaupt der My-

---

34 WW 5, 151.
35 WW 5, 191.
36 WW 5, 190.
37 WW 5, 154f.

stik in den verschiedensten Kulturen. Die Upanischaden sind im Abendland zunächst bekannt geworden durch die lateinische Übersetzung einer persischen Übersetzung, die der französische Orientalist Anquetil-Duperron in zwei Bänden 1801–1802 vorgelegt hatte. Das Wort »Upanischad« (eigentlich: das Dicht-dabei-Sitzen, nämlich des Schülers bei seinem Lehrmeister) wird in dieser Übersetzung wiedergegeben mit »Oupnek'hat«, und unter diesem Titel zitiert Schopenhauer immer wieder aus ihr. Er bezeichnet das Werk als »das größte Geschenk dieses Jahrhunderts«, als eine »Frucht der höchsten menschlichen Erkenntnis«. Ein Grundgedanke der Upanischaden ist in dem Satz »tat tvam asi« ausgedrückt: »das bist du«. Nach Schopenhauer ist in diesem Satz die Lehre ausgesprochen, »daß alle Vielheit nur scheinbar sei, daß in allen Individuen dieser Welt … doch nur eines und dasselbe, in ihnen allen gegenwärtige und identische, wahrhaft seiende Wesen sich manifestiere«[38]. Die Erkenntnis der Identität des eigenen Ich mit dem einen wahrhaft seienden Sein bildet zugleich auch die Grundlage der Schopenhauerschen Ethik, denn aus dieser Erkenntnis geht das Mitleid hervor, auf dem nach Schopenhauer alle wirkliche Tugend beruht. Diese Erkenntnis ist »eine Erinnerung an die Rücksicht, in welcher wir alle eins und dasselbe Wesen sind«[39]. Daher ist das Leiden eines anderen auch mein eigenes Leiden. Derartige Gedanken knüpft Schopenhauer zunächst an die Philosophie und Mystik der Upanischaden. Er sieht aber auch die Verwandtschaft zwischen den Upanischaden und anderen Formen der Mystik. Die Philosophie kann über die letzten und tiefsten Probleme nur in Negationen sprechen. Die Mystiker sind dagegen in der Lage, sich auch positiv zu diesen Problemen zu äußern. Wer nach Schopenhauer zu den negativen Einsichten der Philosophie eine Ergänzung wünscht, »der findet sie am schönsten und reichlichsten im Oupnekhat, sodann in den Enneaden des Plotinos, im Scotus Eriugena, stellenweise im Jakob Böhme, besonders aber im Werk der Guion, Les torrens, und im Angelus Silesius, endlich noch in den Gedichten der Sufi«[40].

---

[38] WW4, 268.
[39] WW4, 271.
[40] WW 3, 703.

V.

Ein drittes für die Lebensphilosophie typisches Thema war die Frauenfrage. Auch zu ihr hat sich Schopenhauer geäußert, freilich nicht im Sinne der Lebensphilosophie, sondern so, daß er damit gegenteilige lebensphilosophische Stellungnahmen geradezu herausforderte. Die entsprechenden Aussagen sind allzu bekannt, so daß wir sie hier beiseitelassen können.

3. Jean-Marie Guyau

Die Lebensphilosophie ist im wesentlichen eine Angelegenheit deutscher Denker (vielleicht hat Lukács deshalb gemeint, nach der Niederlage Deutschlands im zweiten Weltkrieg, auch der deutschen Philosophie noch einen Tritt versetzen zu müssen). Mag aber die Lebensphilosophie auch eine Angelegenheit deutscher Philosophen gewesen sein, so hat sie doch wichtige Anregungen von französischen Denkern empfangen. In diesem Zusammenhang ist zunächst Jean-Marie Guyau zu nennen, den man als den »französischen Nietzsche« bezeichnet und der jedenfalls Nietzsche und in mancher Hinsicht wohl auch Bergson beeinflußt hat.

Guyau ist 1854 im westfranzösischen Laval (in der Grafschaft Maine) geboren und schon früh, 1888 in Menton, gestorben. Er hat in Paris bei Alfred Fouillée an der Ecole normale supérieur Philosophie studiert (Fouillée war übrigens sein Stiefvater und zudem der erste, der zu Guyaus Philosophie zustimmende Interpretationen lieferte). Guyau war ein außergewöhnlich eigenständiger und kühner Denker. Seine Hauptwerke sind: »Esquisse d'une morale sans obligation ni sanction« (1885). Der Titel lautet in wörtlicher Übersetzung »Entwurf einer Moral ohne Verpflichtung und Strafandrohung«, die 1909 erschienene deutsche Übersetzung ist überschrieben: »Sittlichkeit ohne ›Pflicht‹«. Ein zweites bedeutendes Werk Guyaus ist das Buch »L'irreligion de l'avenir. Etude sociologique« (1887). Die deutsche Übersetzung gibt den Titel diesmal wörtlich wieder: »Die Irreligion der Zukunft. Soziologische Studie«[41]. Von den zahlreichen anderen Schriften Guyaus sei hier nur noch eine zur Ästhetik erwähnt:

[41] In: J.-M. Guyaus Ph. Werke in Auswahl. Bd. III. Leipzig 1912. Hg. von E. Bergmann.

»L'art au point de vue sociologique« (1888), zu deutsch: »Die Kunst, vom soziologischen Standpunkt aus betrachtet« oder (wie die deutsche Übersetzung von Paul Prina und Guido Bagier den Titel wiedergibt): »Die Kunst als soziologisches Phänomen«[42]. In den genannten drei Hauptwerken Guyaus geht es also um Moral, Religion und Kunst. Neben anderen zu dieser Thematik gehörenden Büchern hat Guyau auch noch ein Buch über Erziehung geschrieben: »Erziehung und Vererbung« (Education et hérédité), das noch in seinem Todesjahr 1888 von seinem Stiefvater herausgegeben wurde. Schließlich ist noch die Schrift »La genèse de l'idée de temps« aus dem Jahr 1888 erschienen, die Einflüsse auf Bergson ausgeübt hat (Die Entstehung der Idee der Zeit).

I.

Wir beginnen mit der Schrift, die allgemein als die wichtigste Schrift Guyaus angesehen wird: mit dem »Entwurf einer Moral ohne Verpflichtung und Strafandrohung«. Im Hintergrund dieser Schrift steht der Begriff des Lebens. Guyau entwirft eine Moralphilosophie auf der Grundlage des Lebensgedankens. Ziel des Lebens ist Steigerung seiner Intensität und Extensität. Je intensiver das Leben ist, desto mehr will es sich ausdehnen, erweitern[43]. Ziel der Moral ist der Ausgleich zwischen dem Egoismus und dem Altruismus, die Überwindung des Egoismus durch den Altruismus. Das gilt für alle Moral. Man kann zwar moralisches Handeln auch vom Gedanken der sittlichen Verpflichtung her begründen. Eine solche Moral, wie sie etwa in Kants »kategorischem Imperativ« erscheint, wird von Guyau als unnatürlich verworfen. Ebenso verwirft Guyau den Gedanken, moralisches Handeln sei deshalb sinnvoll, weil unmoralisches Handeln meist seine Strafe finde: entweder von der Natur her (etwa durch Krankheiten) oder aufgrund bestehender Gesetze (Gefängnis) oder psychisch (Gewissensbisse) oder durch die Religion (Höllenstrafe im Jenseits). Guyau will eine andere Moral ohne Strafandrohung (durch die Gesetze oder die Religion) und ohne verpflichtende Vorschriften. Er will eine Moral, die der Natur des Menschen entspricht, eine Moral, die sich aus dem Wesen des Lebens ergibt. Moral aber ist im Kern

---

[42] Neudruck Berlin 1987.

[43] Esquisse, S. 18f.

Altruismus, Zuwendung zum anderen unter Überschreitung des Ichhaften. Diese Überschreitung des Ich ergibt sich aus der Expansionskraft des Lebens. Das Leben will sich ja selbst überschreiten. Also ist es natürlich, daß der Mensch sich auf die anderen Menschen hin überschreitet: »diese Erweiterung ist nicht gegen seine Natur: sie ist im Gegenteil seiner Natur gemäß; noch mehr: sie ist sogar die Bedingung des wahren Lebens«[44]. Denn: »Das Leben erhält sich wie das Feuer dadurch, daß es sich ausdehnt«. Das Leben stellt also die moralische Norm dar. Der Gegensatz zwischen Egoismus und Altruismus ist hier überwunden. Wer sich ganz nach dem richtet, was er in sich selbst als das Leben erfährt, der handelt von selbst moralisch und sozial. Anders ausgedrückt: »Daß das soziale Leben den einzelnen zwingt, sich für andere zu verschwenden, bedeutet für ihn keinen Verlust, sondern eine wünschenswerte Bereicherung, ja eine Notwendigkeit«[45].

II.

Wenn auch die Schrift über die Moral als Guyaus Hauptwerk gilt, so möchte ich doch das Buch »L'irreligion de l'avenir« als mindestens ebenso wichtig und mindestens ebenso charakteristisch für Guyau ansehen. Halten wir uns zunächst an den Titel und den Untertitel der Schrift. Was meint der Begriff der »Irreligion«? Dazu erklärt Guyau in der Einleitung des umfangreichen Werks: »›Irreligiös‹ oder ›areligiös‹ deckt sich keineswegs mit ›antireligiös‹. Vielmehr wird … die Irreligion der Zukunft den reinsten Gehalt des religiösen Gefühls in sich aufnehmen, und zwar als Bewunderung für den Kosmos und der in ihm entfalteten unendlichen Kräfte sowie als Streben nach nicht nur individuellen, sondern sozialen, ja kosmischen, die aktuelle Wirklichkeit weit hinter sich lassenden Idealen«[46]. Es geht Guyau also um eine Religion, die das Eigentliche der bisherigen Religionen ans Licht hebt und die so verschieden von ihnen ist, daß sie als ›Irreligion‹ bezeichnet werden muß, um ihre Eigenart zu kennzeichnen. Im Untertitel wird die Schrift nun noch als eine »soziologische Studie« charakterisiert. Das ist für uns Heutige mißverständlich, denn

44 A. a. O., S. 245.
45 A. a. O., S. 118.
46 Philos. Werke in Auswahl m, S. 10.

unter ›Soziologie‹ verstehen wir die Wissenschaft von den Formen der menschlichen Gesellschaft. Guyau aber meint etwas ganz anderes: er will den sozialen Charakter der Religion als ihr Wesensmerkmal aufweisen, und zwar das Soziale im weitesten Sinne verstanden. So schreibt Guyau gleich in der Einleitung: »Nach unserem Dafürhalten wird der Mensch erst dadurch im wahren Sinne religiös, daß er der menschlichen Gesellschaft eine höhere und mächtigere, eine universale, sagen wir ›kosmische Gesellschaft‹ überordnet. Damit dehnt sich die Sozialität, die ein anerkannt menschlicher Wesenzug ist, bis zu den Sternen aus«[47].

Man könnte daher, moderner gesprochen, sagen, daß die von Guyau entworfene Idee einer neuen, wesenhafteren Religion im Gedanken einer allumfassenden Seinsgemeinschaft gründet. Eine solche Religion ist rein innerlich, jedenfalls zunächst. Sie braucht daher auch keinen Kult. Das Wesen des Kults aber bleibt in ihr erhalten. Guyau erläutert das folgendermaßen: »Die Wurzeln des Kultus, den man sinnenfällig gewordene Religion nennen kann, liegen wie die Uranfänge dieser selbst in einer soziologischen Beziehung, d.h. in dem Wechsel von Dienst und Gegendienst zwischen Menschen, die in einem Verbande leben«[48]. Das ist der äußere Kult. Der innerliche Kult aber besteht in Anbetung und Liebe, besteht auch in dem, was dem ehrfürchtigen Bewußtsein im schweigenden Hinnehmen der Welt, des Seienden im ganzen, begegnet: »Das Schweigen des gestirnten Himmels ist eindrucksvoller als alle Worte, und der beste Religionsunterricht ist der, welcher den Menschen lehrt, auf dieses Schweigen zu lauschen. Die Meditation, dieses Gebot aller Religionen, schließt ihrem innersten Wesen nach den Ritus aus«[49]. Die Liebe, von der Guyau spricht, ist nicht mehr die Liebe zu Gott, sondern zum Weltall ganz allgemein. Guyau nennt sie »universelle Sympathie«[50]. Um dahin zu gelangen, muß der Einzelne seinen Egoismus überwinden. Eine bezeichnende Stelle zu diesem Thema lautet: »die Fähigkeit, sich vom Ich gewissermaßen zu befreien, wird sich auch als das Bleibende in den Religionen und Philosophien erweisen, denn darin liegt ihr innerlichster Wert. Mit der gesamten Natur mitfühlen, ihr Geheimnis zu ergründen suchen, zu ihrer Veredelung beizutragen streben,

---

[47] A.a.O., S. 1.
[48] A.a.O., S. 113.
[49] A.a.O., S. 391.
[50] A.a.O., S. 370.

seinen Egoismus hinter sich werfen und das Alleben mitleben, wird der Mensch immer und aus dem Grunde schon allein, weil er Mensch ist, weil er denkt und fühlt«[51].

III.

In der Philosophie Guyaus ist also der Gedanke des Lebens nicht nur die Grundlage der Moral, sondern auch der Religion und, wie noch näher zu zeigen sein wird, der Kunst: »In der Idee des Lebens selber und seinen verschiedenen Manifestationen erblicken wir die Einheit von Ästhetik, Moral und Religion«[52]. Zu den Problemen des Ästhetischen und der Kunst gibt es bei Guyau zwei Bücher. Das erste ist eine seiner frühesten Arbeiten: »Die ästhetischen Probleme der Gegenwart« aus dem Jahre 1884 (Les problèmes de l'esthétique contemporaine). Das zweite Buch erschien erst nach seinem Tode: »Die Kunst als soziales Phänomen« (wie schon erwähnt). In der frühen Schrift spielt der Lebensbegriff noch keine zentrale Rolle. Immerhin heißt es im Vorwort: »Alles, was an der Oberfläche haften bleibt, ohne das Wesen der Dinge zu durchdringen, alles, was (nach einem volkstümlichen, aber bezeichnenden Ausdruck) kalt läßt, d.h. alles, was nicht bis an das Leben selbst heranreicht, bleibt dem Schönen fremd. Das letzte Ziel der Kunst ist und wird immer sein: das menschliche Herz höher schlagen zu machen, und, da das Herz der Mittelpunkt alles Lebens ist, so muß die Kunst mit der gesamten moralischen und materiellen Existenz der Menschheit aufs engste verwachsen sein«[53].

Wichtiger in unserem Zusammenhang ist die zweite Schrift, die Schrift aus dem Nachlaß des Frühverstorbenen. Guyau will hier die Kunst von einem soziologischen Standpunkt aus betrachten, d.h. er will das in der Kunst liegende Moment des Sozialen in den Blick nehmen. Das Soziale aber versteht Guyau als etwas Allumfassendes: Im letzten ist damit das »universelle Leben« gemeint, das Leben des Universums, des Weltganzen, des Seienden im Ganzen, des Seienden in der Einheit des Seins. ›Leben‹ ist bei Guyau der Name für den metaphysischen Urgrund. Dieser Urgrund sucht sich selbst zu erfassen und sich auszubreiten. Der Sinn der Kunst liegt darin, daß sich das

[51] A.a.O., S. 361 f.
[52] Irreligion III, S. 7.
[53] Die ästhetischen Probleme der Gegenwart, S. X.

Ich des Einzelnen zur Universalität des Seinsganzen erweitert. Das geschieht nach Guyau in der Erfahrung des Kunstwerks, in der, wie es in der Übersetzung heißt, »künstlerischen Erregung«. Und das ist das soziale Moment. Die Sozialität des Menschen wird bei Guyau ins Metaphysische oder Ontologische ausgedehnt. Eine bezeichnende Stelle dafür lautet: »Die künstlerische Erregung ist also hauptsächlich sozialer Art; sie läuft auf das Resultat hinaus, das individuelle Leben dadurch zu vergrößern, daß sie es mit einem breiteren und universalen Leben sich verschmelzen läßt«[54]. In dieser Verschmelzung des individuellen mit dem universalen Leben liegt die Sozialität des ästhetischen Erlebens. Es ist eine Art von Sympathie, von Gemeinschaftsgefühl. Guyau erläutert das am Beispiel der Begegnung mit einer Landschaft. Von ihr schreibt er: »Um an einer Landschaft Gefallen zu finden, muß man mit ihr im Einklang sein. Um die Sonnenstrahlen zu verstehen, muß man mit ihnen zittern; man muß auch mit dem Strahl des Mondes im Dunkel des Abends zittern, muß mit den goldenen oder blauen Sternen flimmern; um die Nacht zu verstehen, müssen wir den Schauer dunkler Räume, den Schauer grenzenloser und unbekannter Größe über unsere Seele rieseln fühlen«[55]. Dieser Text macht deutlich, was Guyau unter dem sozialen Charakter der Kunst und unter der ästhetischen Erfahrung der Sympathie versteht. Ein weiterer Zug der am Kunstwerk gemachten Erfahrung zeigt sich, wenn man die ästhetische mit der moralischen Erfahrung vergleicht: »Auch die höchste moralische Erregung ist eine soziale Erregung, aber sie unterscheidet sich von der ästhetischen Erregung durch den Zweck, den sie verfolgt und dem Willen vorschreibt: im Individuum und in der Gesellschaft die Bedingungen des höchst sozialen und universellen Lebens zu verwirklichen. Das moralische Gefühl ist wesentlich aktiv und, wie Kant sagt, teleologisch. Ohne aus der ästhetischen Erregung die Aktivität und selbst die Finalität gänzlich auszuschließen, haben wir jedoch erkannt, daß diese Erregung das Gefühl einer schon vorhandenen … und nicht einer erst zu stiftenden Solidarität ist; sie ist eine unmittelbar gefühlte und nicht eine gewollte, mühevoll gesuchte Harmonie: sie ist die soziale Sympathie, die schon als Herrin in unseren Herzen wohnt, der Widerhall des Kollektiven, des universellen Lebens in uns«[56].

---

[54] Die Kunst als soziologisches Phänomen, S. 55.
[55] A.a.O., S. 47.
[56] A.a.O., S. 48.

IV.

Dies soll vorläufig zu Guyaus Philosophie der Kunst genügen. Es gibt bei ihm aber auch eine Philosophie der Erziehung, die er in seiner unvollendeten, schon 1888 aus dem Nachlaß herausgegebenen Schrift »Erziehung und Vererbung« mit dem Untertitel »Eine soziologische Studie (Etude sociologique) entwickelt hat. Auch in dieser Schrift ist der Begriff des Lebens die Grundlage. Im Vorwort schreibt Guyau rückblickend: »Die verschiedenen von uns veröffentlichten Arbeiten verfolgten als einziges Ziel, Moral, Ästhetik und Religion mit der Idee des Lebens zu verschmelzen. Diese Idee wird uns auch das Ziel der Erziehung, die Grundformel der Pädagogik liefern«[57]. Die Erziehung scheint zwei Ziele zu haben: ein persönliches und ein gesellschaftliches. »Ihre Aufgabe besteht gerade darin, Mittel und Wege zu finden, um das intensivste Einzelleben mit dem extensivsten sozialen Leben in Einklang zu bringen.« Und nun ergibt sich für Guyau, daß dies letztlich gar nicht zwei verschiedene Ziele sind: »Es besteht übrigens nach unserer Meinung eine tiefbegründete Harmonie unterhalb der Widersprüche der individuellen Existenz und der der Gesamtheit: was dem zuhöchst entwickelten (physischen und moralischen) Einzelleben wirklich gemäß ist, wird gerade dadurch auch für die ganze Gattung nützlich sein«[58]. Auf Einzelheiten muß hier verzichtet werden. Nur ein kurzer Überblick sei noch gegeben. Die in den Jahren 1880–1888 entstandene Schrift behandelt in drei Kapiteln die moralische, die körperliche und die intellektuelle Erziehung (wobei Guyau energisch auch für die intellektuelle Erziehung der Mädchen eintritt). Vermutlich wäre das Buch abgeschlossen worden durch zwei weitere Kapitel: ästhetische und religiöse Erziehung. Auffällig ist besonders die Rolle, die Guyau der Suggestion in der Erziehung beimißt, allerdings verwendet er den Begriff der Suggestion in einem sehr weiten Sinne, so daß auch der normale Erziehungseinfluß darunter fallen kann.

Zum Schluß noch eine das bisher Gesagte ergänzende und zusammenfassende Bemerkung. Wir haben gesehen, daß für Guyau Moral, Religion, Kunst und Erziehung Formen der Sozialität sind. Aber auch die Metaphysik gehört in diese Reihe, bildet sogar ihren Höhepunkt. Zu diesem Thema gibt es in der Schrift über die »Irreli-

---

57 Erziehung und Vererbung, S. XXIV.

58 A. a. O.

gion der Zukunft« einen eindeutigen Text: »Leben heißt, sich zu einem bewußten, sittlichen und schließlich philosophischen Wesen auszugestalten. Leben läßt sich auf Handeln in seinen beiden Formen zurückführen, die in mehr oder minder enger Beziehung zueinander stehen: auf die moralische Aktion und auf eine Aktion, welche die metaphysische genannt werden könnte, d. h. auf jenen geistigen Akt, der das Individuum wieder mit dem Universum verknüpft«[59]. Die Philosophie Guyaus ist zutiefst eine Philosophie der metaphysischen Sozialität, eine Philosophie der Gemeinschaft und Verbundenheit alles Seienden im Universalen. Dieses Universale, das alles Seiende umfaßt und vereint, ist aber das, was die philosophische Tradition als das Eine oder das Sein bezeichnet. Die Philosophie Guyaus ist im letzten und tiefsten eine Philosophie der Seinsgemeinschaft. Daß Guyaus Name für das Sein ›Leben‹ heißt, macht auf einen besonderen Aspekt des Seinsgedankens aufmerksam: das Sein ist immer dasselbe Sein, aber es ist nicht starr, denn es entsteht und vergeht in jedem Augenblick neu. In diesem Sinn ist es zugleich Leben.

59 Philos. Werke III, 461 f.

2. Grundlegung

Schlegel, Schopenhauer und Guyau haben die Lebensphilosophie zu Beginn des 20. Jahrhunderts nur vorbereitet. Ihre Gründer heißen Nietzsche, Dilthey und Bergson, und als solche hat sie auch schon Max Scheler verstanden. In einem zuerst 1913, dann wieder 1915 veröffentlichten Aufsatz behandelt er »Versuche einer Philosophie des Lebens« und nennt im Untertitel dann die Namen »Nietzsche – Dilthey – Bergson«[1]. Von diesen dreien ist Dilthey der älteste (1833–1911), doch beginnt Scheler seine Darstellung der Begründer der Lebensphilosophie mit Nietzsche, der »wie ein verborgener Schutzgeist« über den modernen lebensphilosophischen Versuchen schwebe und durch die Macht seiner Sprache dem Wort »Leben« seinen »tiefen Goldklang« verliehen habe[2]. Ich möchte ebenfalls hier mit Nietzsche beginnen, und zwar nicht zuletzt deshalb, weil dieser auf die Philosophie Diltheys nicht eingegangen ist, während Dilthey sich eingehender mit Nietzsches Werk beschäftigt und ihn einmal sogar als den »tiefsten Philosophen der Gegenwart« bezeichnet hat.

1. Friedrich Nietzsche

Friedrich Wilhelm Nietzsche (so sein voller Taufname) ist 1844 in Röcken bei Lützen im preußischen Sachsen als Sohn eines protestantischen Pfarrers geboren und 1900 in Weimar gestorben. Seine Lebensgeschichte ist weitgehend bekannt, so daß ich mich auf das im philosophischen Zusammenhang Wichtigste beschränken kann.

Von manchen Interpreten wird Nietzsche gar nicht zu den Philosophen gerechnet oder höchstens als »Dichterphilosoph« aus der Reihe der ernstzunehmenden Philosophen ausgeschieden. Heidegger will ihn nicht einmal unter die Lebensphilosophen zählen, wie er

---

[1] Jetzt in: GW 3, 311–339.

[2] GW 3, 314.

überhaupt den Begriff der Lebensphilosophie ablehnt (»Lebensphilosophie – das heißt soviel wie Botanik der Pflanzen«). Zur Deutung Nietzsches als Lebensphilosoph hat er folgendermaßen Stellung genommen: »Man erzählt sich seit langem auf den deutschen Lehrstühlen der Philosophie, Nietzsche sei kein strenger Denker, sondern ein ›Dichterphilosoph‹. Nietzsche gehöre nicht zu den Philosophen, die nur abstrakte, vom Leben abgezogene und schattenhafte Sachen ausdenken. Wenn man ihn schon einen Philosophen nenne, dann müsse er als ein ›Lebensphilosoph‹ verstanden werden. Dieser seit längerer Zeit beliebte Titel soll zugleich den Verdacht nähren, als sei die Philosophie sonst für die Toten und daher im Grunde entbehrlich. Eine solche Ansicht kommt völlig überein mit der Meinung jener, die in Nietzsche den ›Lebensphilosophen‹ begrüßen, der endlich mit dem abstrakten Denken aufgeräumt habe. Diese landläufigen Urteile über Nietzsche sind irrig«[3]. Der zitierte Text stammt aus der Vorlesung, die Heidegger im Wintersemester 1936/37 in Freiburg gehalten hat. Heidegger stellt darin, wie auch sonst, die Thesen anderen Denkens als eine Art von Halbidiotie dar. Er fordert gegen die lebensphilosophischen Interpretationen, die Auseinandersetzung mit Nietzsche müsse im Zusammenhang mit der Grundfrage der Philosophie (und das ist für Heidegger um diese Zeit die Seinsfrage) erörtert werden. Und hierin ist ihm ohne weiteres zuzustimmen. Wir können das hier freilich nicht von Grund auf leisten, jedoch möchten wir die Einordnung Nietzsches unter die Lebensphilosophen verteidigen, ihn sogar als einen der wirksamsten Gründer dieser philosophischen Strömung darstellen. Es sei aber von vornherein zugestanden, daß das Denken Nietzsches mit dem Begriff der Lebensphilosophie keinesfalls umfassend charakterisiert ist.

Allerdings hat sich Nietzsche selbst selten als Lebensphilosophen bezeichnet. Es gibt immerhin einen Brief (an Mathilde Maier, eine Freundin Richard Wagners, vom 5.7.1878), in welchem Nietzsche als sein Ziel nennt, ein »Philosoph des Lebens« zu werden. Ich nenne jetzt einige Motive der Philosophie Nietzsches, in denen der Begriff des Lebens eine Rolle spielt und die auf die spätere Lebensphilosophie eingewirkt haben.

---

[3] Nietzsche. Bd. I. Pfullingen 1961, S. 14.

I.

Es gibt von Nietzsche sehr heftige Bemerkungen gegen die Universitätsphilosophie, andererseits hat Nietzsche einen großen Teil seines Lebens an der Universität verbracht. Er hat zuerst Theologie und klassische Philologie in Bonn, dann in Leipzig studiert. Dort wird er mit der Philosophie Schopenhauers bekannt, die einen mächtigen Eindruck auf ihn macht. In der dritten der »Unzeitgemäßen Betrachtungen« über »Schopenhauer als Erzieher« (1874) schildert Nietzsche die Wirkung der Schopenhauerschen Philosophie auf ihn. Seine Laufbahn aber beginnt als klassischer Philologe. Aufgrund einiger Arbeiten über den griechischen Dichter Theognis wird Nietzsche im Jahre 1869 noch vor seinem Doktorexamen als außerordentlicher Professor für klassische Philologie an die Universität Basel berufen, wo er nur wenige Semester lehrt, seit 1870 als ordentlicher Professor, nach sieben Jahren beurlaubt wird und schließlich 1879 sein Lehramt aus Krankheitsgründen aufgeben muß. Aus dieser ersten Phase seiner Entwicklung stammen die Schriften »Die Geburt der Tragödie aus dem Geiste der Musik«, die »Unzeitgemäßen Betrachtungen«, darunter die zweite: »Vom Nutzen und Nachteil der Historie für das Leben« und die erst aus dem Nachlaß herausgegebene unvollendete Schrift: »Die Philosophie im tragischen Zeitalter der Griechen«. Aber schon in der Zeit als Philologieprofessor dachte Nietzsche daran, einen Lehrstuhl für Philosophie zu übernehmen. Etwa im Januar 1871 schreibt Nietzsche an den Baseler Ratsherrn Wilhelm Vischer-Bilfinger einiges über seine Krankheit und erklärt, daß er seine eigentliche Aufgabe auf dem Felde der Philosophie sehe. Dann heißt es: »In diesem Sinne erlaube ich mir, mich bei Ihnen um die durch Teichmüllers Weggang erledigte philosophische Professur zu bewerben. – Was meine persönliche Berechtigung, den philosophischen Lehrstuhl zu ambitionieren, betrifft: so muß ich allerdings mein eignes Zeugnis voranstellen, daß ich dazu Potenz und Kenntnisse zu besitzen glaube und mich sogar, alles in allem, für jenes Amt befähigter fühle als für ein rein philologisches. Wer mich von meinen Schul- und Studentenjahren kennt, ist nie über die Prävalenz der philosophischen Neigungen im Zweifel gewesen; und auch in den philologischen Studien hat mich vorzugsweise das angezogen, was entweder für die Geschichte der Philosophie oder für die ethischen und ästhetischen Probleme mir bedeutsam erschien«[4] Nietzsche will also erstens sagen, daß er im Grunde immer schon mehr an der Philosophie als an der Philologie interessiert gewesen sei. Zweitens kommt er dem Ratsherrn noch ein Stück entgegen und nutzt eine Ansicht von ihm zu einem weiteren Argument: »Sodann stimme ich völlig Ihrem Urteile bei und mache es für mich geltend, daß bei der augenblicklichen etwas schwierigen Lage der Universitätsphilosophie und bei der geringen Zahl der wirklich geeigneten Bewerber derjenige einiges Anrecht mehr hat, der eine solide philologische Bildung aufzuweisen hat und bei den Studierenden die Teilnahme für eine sorgfältige Interpretation des Aristoteles und Plato wecken kann. Ich erinnere daran, daß ich bereits zwei Kollegien angekündigt habe, die in diesem Sinne philosophischer Natur waren: ›Die vorplatonische Philosophie mit Interpretation ausgewählter Fragmente‹ und ›Über die platonische Frage‹«. Es folgt im Brief drittens ein Hinweis auf Personen, die das philosophische Interesse Nietzsches bezeugen könnten. In dem soeben angeführten Text ist auch recht interessant, daß Nietzsche sich durchaus in den Rahmen einer Universitätsphilosophie stellen will, die er später heftig angreift. Den Schluß des Briefes bildet viertens ein Hinweis auf eine bald erscheinende Veröffentlichung über Diogenes Laertios, aus der Nietzsches »philosophisch-historische Bestrebungen« ersichtlich seien. Fünftens fügt Nietzsche noch hinzu: »Von neueren Philosophen habe ich mit besonderer Vorliebe Kant und Schopenhauer studiert. Sie haben aus den letzten zwei Jahren gewiß von mir den guten Glauben gewonnen, daß ich das Unpassende und Anstößige zu vermeiden versuche und daß ich unterscheiden könne, was sich im Vortrag vor Studierenden schickt, was nicht« (vielleicht ist hier an die mehr als kräftigen Angriffe Schopenhauers auf Hegel und andere Universitätsphilosophen gedacht). Dies zu Nietzsches frühen Bemühungen um einen philosophischen Lehrstuhl an der Universität. Drei Jahre später ist er aber im Sinne Schopenhauers ein heftiger Kritiker der Universitätsphilosophie, die allerdings damals offensichtlich auch allgemein nicht gerade in hohem Ansehen gestanden zu haben scheint: »jedenfalls ist die Universitätsphilosophie einer allgemeinen Mißachtung und Anzweifelung verfallen. Zum Teil hängt diese damit zusammen, daß jetzt gerade ein schwächliches Geschlecht auf den Kathedern herrscht; und Schopenhauer würde, wenn er jetzt seine Abhandlung über Universitätsphilosophie zu schreiben hätte,

---

[4] KSB 3, 175ff.

nicht mehr die Keule nötig haben, sondern mit einem Binsenrohre siegen. Es sind die Erben und Nachkommen jener Afterdenker, denen er auf die vielverdrehten Köpfe schlug«[5]. Es folgt eine ganz lustige Darstellung der damaligen Philosophiesituation, auf die ich hier aber nicht weiter eingehen will, sondern nur das Allgemeine hervorheben, daß Nietzsche dabei zwei Momente besonders ins Auge faßt: einerseits die Versuche der zeitgenössischen Philosophie, sich nur noch als »Grenzwächter und Aufpasser der Wissenschaften« darzustellen[6], andererseits die übertriebene und unphilosophische Beschäftigung mit der Geschichte der Philosophie: »Die gelehrte Historie des Vergangnen war nie das Geschäft eines wahren Philosophen, weder in Indien noch in Griechenland; und ein Philosophieprofessor muß es sich, wenn er sich mit solcherlei Arbeit befaßt, gefallen lassen, daß man von ihm besten Falls sagt: er ist ein tüchtiger Philolog, Antiquar, Sachkenner, Historiker, aber nie: er ist ein Philosoph«[7]. Das heißt, daß die Universitätsphilosophie ihre eigentliche Aufgabe vernachlässige: auf die Dinge zu blicken und möglichst tief in ihr Wesen einzudringen versuchen. Doch gerade dadurch hat die Philosophie Bedeutung für das Leben. Die Universitätsphilosophie aber bleibt sowohl als Kritik wie als Historie lebensfremd: »Die einzige Kritik einer Philosophie, die möglich ist und die auch etwas beweist, nämlich zu versuchen, ob man nach ihr leben könne, ist nie auf Universitäten gelehrt worden: sondern immer nur die Kritik der Worte über Worte«[8]. Dem jungen Nietzsche schwebt also die Idee einer Philosophie vor, nach der man leben kann: eine Lebensphilosophie, und zwar gerade auch im Sinne eines praktischen Lebensbegriffs.

Nach der Aufgabe der Universitätslaufbahn konnte Nietzsche dann mit der von der Baseler Universität bewilligten Pension ein Leben als Privatgelehrter und freier philosophischer Schriftsteller führen. Seine mit ständigen Kopfschmerzen verbundene Krankheit zwang ihn zu häufigem Wohnortwechsel, vor allem in der Schweiz und in Italien, auf der Suche nach einem Ort, an dem die Kopfschmerzen erträglicher wären: Venedig, Genua, Sils-Maria, wieder Genua, Sizilien, Rapallo, Nizza, Sils-Maria, Turin. In diesen Wanderjahren entstanden die wichtigsten Werke Nietzsches, so »Die fröhliche Wis-

---

[5] KSA 1, 418.
[6] KSA 1, 419.
[7] KSA 1, 417.
[8] A. a. O.

senschaft«, der »Zarathustra«, »Jenseits von Gut und Böse«. Der beginnende krankheitsbedingte Größenwahn deutet sich schon in den letzten Werken an: »Der Antichrist«, »Ecce homo«, »Nietzsche contra Wagner«. Merkwürdigerweise hat Nietzsche, auf den Rat seiner Mutter und seiner Schwester hin, im Sommer 1883 noch einmal versucht, eine Universitätslaufbahn zu beginnen. Er wandte sich damals an die Universität Leipzig, erhielt aber von dem damaligen Rektor, dem Philosophiehistoriker Max Heinze, einen Wink, daß eine Bewerbung zwecklos sei und auch an anderen Universitäten scheitern werde. Als Grund gibt er Nietzsches Stellung zum Christentum an. Nietzsche selber scheint über dieses Ergebnis erleichtert gewesen zu sein (wie sich in Briefen an Peter Gast und Franz Overbeck andeutet). Er war in der Tat kein Universitätsphilosoph (aber ob man nach seiner Philosophie leben kann, wie er offenbar annahm, ist eine andere Frage).

II.

Nietzsches Kritik an der Universitätsphilosophie steht im Zusammenhang mit einer umfassenderen Kritik: mit der Kritik am Wissenschaftsbetrieb und am Bildungsideal seiner Epoche. Die in den Jahren zwischen 1873 und 1876 entstandenen »Unzeitgemäßen Betrachtungen« enthalten Ansätze zu einer allgemeinen Kulturkritik, die von den Lebensphilosophen des beginnenden 20. Jahrhunderts dann aufgenommen und weitergeführt wurde. Vier der »Unzeitgemäßen Betrachtungen« hat Nietzsche ausgeführt (eine Reihe weiterer Betrachtungen war geplant). Ich gebe einen kurzen Überblick, wobei es mir darauf ankommt, die Rolle des Lebensbegriffs in diesen Betrachtungen hervorzuheben.

Die erste Betrachtung trägt den Titel: »David Strauß der Bekenner und der Schriftsteller«. Strauß war ursprünglich protestantischer Theologe, einer der Begründer der historisch-philologischen Bibelkritik, der schon durch sein Erstlingswerk, »Das Leben Jesu, kritisch betrachtet« (1835) die traditionelle christliche Lehre angegriffen und in seinem letzten Werk, »Der alte und der neue Glaube. Ein Bekenntnis« (1872), sich vom Christentum endgültig gelöst hatte. Es ist schwer verständlich, warum sich Nietzsche ausgerechnet diesen Mann zum Gegner erwählt hatte und ihn in Form eines bissigen Pamphlets geradezu lächerlich zu machen versuchte. Strauß erscheint in Nietzsches Schmähschrift als typischer »Bildungsphilister«, der sich anmaßt, eine neue Religion stiften zu können. Was Strauß verkünde, sei eine »Philister-Kultur« und: »Jene Kultur hat erstens den Ausdruck der Zufriedenheit im Gesichte und will nichts Wesentliches an dem gegenwärtigen Stande der deutschen Gebildetheit geändert haben ... Zweitens aber legt sie das höchste Urteil über alle Kultur- und Geschmacksfragen in die Hand des Gelehrten und betrachtet sich selbst als das immer anwachsende Compendium gelehrter Meinungen über Kunst, Literatur und Philosophie«[9]. Und vielleicht ist der bei Nietzsche folgende Satz der Schlüssel zum Verständnis dieser philosophisch so nichtssagenden Auseinandersetzung: »Was außerhalb dieser Kreise heranwächst, wird so lange mit zweifelnder Halbheit angehört oder nicht angehört, bemerkt oder nicht bemerkt, bis endlich einmal eine Stimme, gleichgültig von wem, wenn er nur recht streng den Gattungscharakter des Gelehrten an sich trägt, laut wird, heraus aus jenen Tempelräumen, in denen die traditionelle Geschmacks-Unfehlbarkeit herbergen soll: und von jetzt ab hat die öffentliche Meinung eine Meinung mehr und wiederholt mit hundertfachem Echo die Stimme jenes einzelnen«[10]. Nietzsche denkt hier an Schopenhauer und Wagner, deren Werk nicht in den Stil der herrschenden Gelehrsamkeitsverehrung paßt. Für beide wird er sich in weiteren »Betrachtungen« einsetzen.

Nun die zweite der »Unzeitgemäßen Betrachtungen«. Sie ist weitaus philosophischer, und in ihr tritt der Begriff des Lebens schon im Titel hervor: »Vom Nutzen und Nachteil der Historie für das Leben«. Es geht um die historische Bildung am Ende des 19. Jahrhunderts, um den damals herrschenden übertriebenen Historismus. Zwar braucht das Leben, wie Nietzsche betont, den Dienst der Geschichte, aber ein Übermaß an Geschichte schadet dem Leben auch. Es gibt nun aber drei Arten der Beziehung zwischen Leben und Geschichte. Sie heißen bei Nietzsche die monumentalische, die antiquarische und die kritische Art der Historie[11]. »In dreierlei Hinsicht gehört die Historie dem Lebendigen: sie gehört ihm als dem Tätigen und Strebenden, ihm als dem Bewahrenden und Verehrenden, ihm als dem Leidenden und der Befreiung Bedürftigen«[12]. Der »Tätige und Strebende« sucht in

---

9 KSA 1, 205.
10 KSA 1, 205 f.
11 KSA 1, 258.
12 A.a.O.

der Vergangenheit Vorbilder für sein eigenes Leben, der »Bewahrende und Verehrende« will das lange Bestehende mit behutsamer Hand pflegen und für seine Nachkommen bewahren: »und so dient er dem Leben«, der »Leidende und der Befreiung Bedürftige« »muß die Kraft haben und von Zeit zu Zeit anwenden, eine Vergangenheit zu zerbrechen und aufzulösen, um leben zu können: dies erreicht er dadurch, daß er sie vor Gericht zieht, peinlich inquiriert und endlich verurteilt ... Es ist nicht die Gerechtigkeit, die hier zu Gericht sitzt; es ist noch weniger die Gnade, die hier das Urteil verkündet: sondern das Leben allein, jene dunkle, treibende, unersättlich sich selbst begehrende Macht«[13]. So leistet die Historie dem Leben ihren Dienst, »bald als monumentalische, bald als antiquarische, bald als kritische Historie: aber nicht wie eine Schar von reinen, dem Leben nur zusehenden Denkern, nicht wie wissengierige, durch Wissen allein zu befriedigende Einzelne, denen Vermehrung der Erkenntnis das Ziel selbst ist, sondern immer nur zum Zweck des Lebens und also auch unter der Herrschaft und obersten Führung dieses Zweckes«[14]. Diese Beziehung von Leben und Geschichte sieht Nietzsche in seiner Zeit gestört: »Jetzt regiert nicht mehr allein das Leben und bändigt das Wissen um die Vergangenheit«[15]. Das historische Wissen weitet sich ins Unübersehbare, wird jetzt ohne Wissensdurst gleichgültig aufgenommen und kann nicht mehr als umgestaltendes Motiv wirksam sein. Die Übersättigung an historischem Wissen ist dem Leben feindlich. Und: »Das Übermaß von Historie hat die plastische Kraft des Lebens angegriffen, es versteht nicht mehr, sich der Vergangenheit wie einer kräftigen Nahrung zu bedienen«[16]. Aber Nietzsche setzt seine Hoffnung auf die Jugend, in deren Namen er gegen die historische Jugenderziehung protestiert und in deren Namen er fordert, »daß der Mensch vor allem zu leben lerne und nur im Dienste des erlernten Lebens die Historie gebrauche«[17]. Dagegen gehe die deutsche Jugenderziehung von einem lebensfremden und widernatürlichen Kulturbegriff aus: »ihr Resultat, recht empirisch-gemein angeschaut, ist der historisch-ästhetische Bildungsphilister, der altkluge und naseweise Schwätzer über Staat, Kirche und Kunst, das Senso-

[13] KSA 1, 269.
[14] KSA 1, 271.
[15] KSA 1, 271 f.
[16] KSA 1, 329.
[17] KSA 1, 325.

rium für tausenderlei Anempfindungen, der unersättliche Magen, der doch nicht weiß, was ein rechtschaffner Hunger und Durst ist«[18]. Die bisherige Erziehung stelle das Erkennen über das Leben, aber in Wahrheit stehe das Leben höher als das Erkennen: »Das Erkennen setzt das Leben voraus, hat also an der Erhaltung des Lebens dasselbe Interesse, welches jedes Wesen an seiner eigenen Fortexistenz hat«[19]. Nietzsche setzt seine Hoffnung in eine Jugend, die aus ihrem erhöhten »Lebensgefühl« sich wieder der Vergangenheit zuwenden wird, jedoch »unter der Herrschaft des Lebens«[20].

Die beiden letzten Stücke der »Betrachtungen« handeln von Schopenhauer und von Richard Wagner, deren zu geringe Beachtung Nietzsche seinen Zeitgenossen zum Vorwurf macht. In »Schopenhauer als Erzieher« wird Schopenhauer als Bild des »unzeitgemäßen« Philosophen dargestellt und dies mit dem Lebensgedanken verbunden. Schopenhauers Größe bestehe darin, »daß er dem Bilde des Lebens als einem Ganzen sich gegenüberstellte, um es als Ganzes zu deuten«[21]. Jeder große Philosoph lehre nämlich immer nur: »dies ist das Bild alles Lebens, und daraus lerne den Sinn deines Lebens. Und umgekehrt: lies nur dein Leben und verstehe daraus die Hieroglyphen des allgemeinen Lebens«[22]. Zur Abfassungszeit dieser Betrachtung hatte sich Nietzsche bereits vom Inhalt der Schopenhauerschen Philosophie gänzlich entfernt, nur die Person und das Leben des Denkers blieb ihm für seine Darlegungen. Noch größer aber war die Distanz zu Wagner geworden, von dem in der vierten und letzten Betrachtung gesprochen wurde: »Richard Wagner in Bayreuth«. Wagners Musik wird hier als gegen seine Zeit gerichtet verstanden: »So werden alle die, welche das Bayreuther Fest begehen, als unzeitgemäße Menschen empfunden werden: sie haben anderswo ihre Heimat als in der Zeit und finden anderwärts sowohl ihre Erklärung als ihre Rechtfertigung«[23]. Eine der wesentlichen Leistungen Wagners bestehe darin, daß er ein Verhältnis aufgefunden habe »zwischen Musik und Leben und ebenfalls zwischen Musik und Drama«[24]. Die

[18] KSA 1, 326.
[19] KSA 1, 331.
[20] KSA 1, 332.
[21] KSA 1, 356.
[22] KSA 1, 357.
[23] KSA 1, 433.
[24] KSA 1, 454.

anfängliche Bewunderung Nietzsches für Wagner, die hier noch nicht ganz geschwunden ist, wird später zur Feindschaft, die in den im Jahre 1888 fertiggestellten Schriften »Der Fall Wagner« und »Nietzsche contra Wagner« ganz offen hervortritt.

Bei dem soeben Besprochenen ging es mir darum, auf die Ansätze zu einer Lebensphilosophie aufmerksam zu machen. Nietzsches Ziel war allerdings ein anderes. Er wollte Zeitkritik und allgemeine Kritik des in den sogenannten »Gründerjahren« in Deutschland herrschenden Kulturbetriebs und Kulturideals. Die spätere Lebensphilosophie hat derartige kulturkritische Momente aufgenommen, sie jedoch ins Allgemeine erweitert. Man denke an Rudolf Pannwitzens Werk »Die Krisis der europäischen Kultur« (1917), an Klages mit seiner These vom Geist als Widersacher der Seele, an Theodor Lessing und seine Bücher »Europa und Asien. Untergang der Erde am Geist« sowie »Die verfluchte Kultur«, an O. Spenglers »Untergang des Abendlandes« oder auch an die kulturvergleichenden Betrachtungen Hermann Graf Keyserlings. Von all dem wird noch näher die Rede sein.

III.

Nach der recht zwiespältigen Kritik an der Universitätsphilosophie und der Kulturkritik der »Unzeitgemäßen Betrachtungen« aus der ersten Phase des Nietzscheschen Denkens wenden wir uns jetzt seiner zweiten und reifsten Phase zu und dem Hauptwerk »Also sprach Zarathustra. Ein Buch für alle und keinen«. Das Werk will ein neues Bild vom Menschen entwerfen und es mit den Begriffen vom »Übermenschen« (dem der »letzte Mensch« gegenübersteht), vom »Tod Gottes«, von der »ewigen Wiederkehr des Gleichen« und vom »Willen zur Macht« verdeutlichen. Ich kann hier wieder nur die Aspekte ins Auge fassen, die Nietzsche als einen der Begründer der Lebensphilosophie verständlich machen.

Schon in »Zarathustras Vorrede« tritt das Thema des Lebens in Erscheinung. Zarathustra, der im Alter von dreißig Jahren seine Heimat verlassen und dann zehn Jahre einsam im Gebirge gewohnt hatte, steigt zu den Menschen hinab. In der ersten Stadt findet er viel Volk versammelt und redet zu ihm: »Ich lehre euch den Übermenschen. Der Mensch ist etwas, das überwunden werden soll ... Der Übermensch ist der Sinn der Erde. Euer Wille sage: der Übermensch sei der Sinn der Erde! – Ich beschwöre euch, meine Brüder, bleibt der Erde treu und glaubt denen nicht, welche euch von überirdischen Hoffnungen reden! Giftmischer sind es, ob sie es wissen oder nicht. – Verächter des Lebens sind es, Absterbende und selber Vergiftete, deren die Erde müde ist: so mögen sie dahinfahren!«[25]. Dies sind einige Stellen aus der ersten Rede Zarathustras. Die Lehre Zarathustras wendet sich gegen die »Verächter des Lebens«. Sie will offenbar eine neue Lehre vom Leben verkünden.

Das Leben aber ist für Nietzsche »Wille zur Macht«. Den Begriff des Willens zur Macht stellt er dem Schopenhauerschen »Willen zum Leben« gegenüber. So sagt denn Zarathustra: »Nur, wo Leben ist, da ist auch Wille: aber nicht Wille zum Leben, sondern – so lehre ich's dich – Wille zur Macht!«[26]. Und: »Wo ich Lebendiges fand, da fand ich den Willen zur Macht; und noch im Willen des Dienenden fand ich den Willen, Herr zu sein«[27]. Ähnliche Gedanken sind im Nachlaß Nietzsches enthalten, den man als Entwurf zu einem Werk unter dem Titel »Der Wille zur Macht« gedeutet hat. Dort stehen Sätze von der Art: »Was ist Leben? ... Meine Formel dafür lautet: Leben ist Wille zur Macht«[28]. Und zu Schopenhauers »Wille zum Leben« schreibt Nietzsche im Nachlaß: »das ist ein bloßes Wort, was er ›Wille‹ nennt. Es handelt sich noch weniger um einen ›Willen *zum Leben*‹: denn das Leben ist bloß ein *Einzelfall* des Willens *zur Macht*«[29].

Als Wille zur Macht aber ist das Leben ein ständiges Sich-selbst-Überschreiten, ein unaufhörliches Wachsenwollen, Mehr-haben-Wollen. In einem nachgelassenen Fragment aus dem Jahre 1885 gibt es die folgende Stelle über das Besitzenwollen: »Dies aber ist der älteste und gesündeste aller Instinkte: ich würde hinzufügen ›man muß mehr haben wollen, als man hat, um mehr zu *werden*‹. So nämlich klingt die Lehre, welche von allem, was lebt, durch das Leben selber gepredigt wird: die Moral der Entwicklung. Haben und mehr haben wollen, Wachstum mit einem Wort – das ist das Leben selber«[30]. Und gegen Spinozas Satz von der Selbsterhaltung stellt Nietzsche die These: »Gerade an allem Lebendigen ist am deutlichsten zu zeigen, daß es

---

[25] KSA 4, 14 f.
[26] KSA 4, 149.
[27] KSA 4, 148 f.
[28] KSA 12, 161.
[29] KSA 13, 301.
[30] KSA 11, 586.

alles tut, um *nicht* sich zu erhalten, sondern um *mehr* zu werden«[31]. Diesen Gedanken wird vor allem Simmel später aufnehmen.

Wenn aber das Leben ständig über sich hinausstrebt, dann ist es mit dem Seinsbegriff der überlieferten Metaphysik nicht mehr zu fassen. An die Stelle des Seinsbegriffs tritt dann der Begriff des Lebens und des ständigen Werdens. Dementsprechend heißt es im Nachlaß: »Das ›Sein‹ – wir haben keine andere Vorstellung davon als ›leben‹«[32]. Das Leben wird im Gegensatz zum Sein als Werden verstanden. Nietzsche gilt daher »die Realität des Werdens als *einzige* Realität«[33]. Also dürfe man »nichts Seiendes überhaupt zulassen – weil dann das Werden seinen Sinn verliert und gerade als sinnlos und überflüssig erscheint«[34]. Die griechische Philosophie kennt allerdings eine starke Tendenz, den Seinsbegriff zum zentralen philosophischen Begriff zu machen. Der erste, der dies ausdrücklich vornahm, war Parmenides. Ihn stellt Nietzsche deshalb schon in seiner frühen, aber erst aus dem Nachlaß veröffentlichten Schrift über »Die Philosophie im tragischen Zeitalter der Griechen« als einen rein abstrakten Denker dar: »Parmenides hat, wahrscheinlich erst in seinem höheren Alter, einmal einen Moment der allerreinsten, durch jede Wirklichkeit ungetrübten und völlig blutlosen Abstraktion gehabt: dieser Moment – ungriechisch wie kein andrer in den zwei Jahrhunderten des tragischen Zeitalters – dessen Erzeugnis die Lehre vom Sein ist, wurde für sein eignes Leben zum Grenzstein«[35]. Daß der Seinsgedanke überhaupt in der abendländischen Philosophie Fuß fassen konnte, ergibt sich für Nietzsche daraus, daß man dem Werden mißtraut habe: »das eigentliche primum mobile ist der Unglaube an das Werdende, das Mißtrauen gegen das Werdende, die Geringschätzung alles Werdens«[36]. Zu diesen philosophiehistorischen Urteilen wäre natürlich allerhand zu sagen, doch müssen wir das hier beiseitelassen. Sicher ist jedenfalls, daß Nietzsche das tiefste Motiv der Parmenideischen Philosophie nicht sieht. Mit Recht bemerkt deshalb Eugen Fink in seinem Buch über Nietzsche: »Die fundamentale ontologische Problematik der Griechen scheint ihn überhaupt nicht

[31] KSA 13, 301.
[32] KSA 12, 153.
[33] KSA 13, 48.
[34] KSA 11, 35.
[35] KSA 1, 738.
[36] KSA 12, 365.

zu berühren; er ist wie blind dafür«[37]. Und: »Nietzsche hat kein Verständnis für die parmenideische Ursprünglichkeit, weil er die spekulative Tiefe des Seinsproblems völlig verkennt«[38]. In Wirklichkeit dürfte der Seinsbegriff des Parmenides Ausdruck einer ekstatisch-religiösen Erfahrung sein[39]. Bei Nietzsche siegt also der Lebensgedanke über den Seinsgedanken. Wir werden noch sehen, daß die Lebensphilosophie von verschiedenen Denkern dadurch an ihr Ende kommt, weil der Seinsgedanke als der eigentliche Kern des Lebensgedankens erkannt und der Lebensgedanke zum Seinsgedanken erweitert und vertieft wird.

Nietzsche hat ein geradezu persönliches Verhältnis zu dem, was ihm als ›Leben‹ begegnet. Im zweiten Buch des »Zarathustra« gibt es einen Abschnitt mit der Überschrift: »Das Tanzlied«. Darin heißt es:

»In dein Auge schaute ich jüngst, oh Leben! Und in's Unergründliche schien ich mir da zu sinken.

Aber du zogst mich mit goldner Angel heraus; spöttisch lachtest du, als ich dich unergründlich nannte.«

In der späteren Lebensphilosophie spielt die Mystik häufig eine nicht unwesentliche Rolle, insbesondere auch die außereuropäische Mystik. Nietzsche kannte durch Schopenhauer und seinen Freund Paul Deussen die indische Mystik der Upanischaden. Auch von Meister Eckhart kannte er einiges. Im Nachlaß aus den achtziger Jahren findet sich eine Notiz über die Arten der Selbstbetäubung und darunter die folgende: »die Mystik, der wollüstige Genuß der ewigen Leere«[40]. Das klingt nicht sehr positiv.

Dennoch gibt es bei Nietzsche eine sehr enge Beziehung zwischen Mystik und Philosophie, und zwar sowohl schon in seinem Frühwerk als auch in den späten Notizen aus der Zeit der Abfassung des »Zarathustra«. In der Schrift über »Die Philosophie im tragischen Zeitalter der Griechen« denkt Nietzsche über den Satz nach: »Alles ist eins«. Woher kommt dieser Satz? Was ist seine Grundlage? Nach Nietzsche handelt es sich um einen Satz, »der seinen Ursprung in einer mystischen Intuition hat und dem wir bei allen Philosophien, samt den immer erneuten Versuchen, ihn besser auszudrücken, be-

---

37 Nietzsches Philosophie. Stuttgart 1960, S. 38.
38 A.a.O., S. 41.
39 Vgl. dazu mein Buch: Mystik und Philosophie. St. Augustin 1986, S. 57–69. Jetzt auch in: Philosophie der Philosophie. St. Augustin 1988, S. 261–273.
40 KSA III, 911.

gegnen«[41]. Das bedeutet zunächst, daß zuerst das gegeben ist, was Nietzsche »mystische Intuition« nennt. Eine Intuition ist eine unmittelbare Anschauung, eine Erkenntnisweise, bei der der Erkenntnisgegenstand leibhaftig selbst gegeben ist. Es handelt sich bei dem von Nietzsche Gemeinten aber um eine Intuition von der Art der Mystik. Charakteristisch für die mystische Erkenntnisweise ist das Einssein von Erkennendem und Erkanntem, das, was man auch die »unio mystica« genannt hat. Ursprung des Satzes »alles ist eins« ist also eine unmittelbare Anschauung der Einheit des Seins, und zwar so, daß sich der Erkennende mit dem Erkannten eins weiß, daß sich also der Erkennende in die Einheit des Seienden eingeschlossen erfährt. Wenn man diese Erfahrung, diese »mystische Intuition« in Worten ausdrücken will, so ist die älteste und einfachste Formulierung der Satz: »Alles ist eins«. Nietzsche behauptet nun, daß dieser Satz allen Philosophien zugrundeliege, wobei es dann freilich viele Versuche gibt, ihn noch besser auszudrücken. Dies also zum mystischen Ursprung der Philosophie bei Nietzsche.

Die Mystik steht aber nach Nietzsche nicht nur am Anfang der Philosophie, sondern auch an ihrem Ende. Es gibt dafür einen schönen Beleg in einer Aufzeichnung aus dem Jahre 1884: »Eigentlicher Zweck alles Philosophierens die intuitio mystica«[42]. Das Ziel der Philosophie ist also wieder eine »mystische Intuition«. Darin liegt, daß die Bemühung des philosophischen Denkens noch nicht an ihr Ziel gekommen ist, wenn man eine Formel für die Einheit des Seienden gefunden hat, sondern daß diese sprachliche Erfassung der Einheit des Seienden nur etwas Vorläufiges darstellt. Das eigentliche Ziel der philosophischen Bemühungen, der »Anstrengung des Begriffs« (wie es bei Hegel an einer vielzitierten Stelle heißt) ist das Einswerden des Erkennenden mit dem Erkannten, das Einswerden von Subjekt und Objekt, jetzt aber auf einer höheren Stufe, der Stufe eines klareren und dennoch tieferen Blicks.

Es gibt bei Nietzsche aber nicht nur Äußerungen über die Bedeutung der Mystik für die Philosophie, sondern auch Texte, die Erfahrungen mystischen Charakters schildern. Ein bekanntes Beispiel ist das Kapitel »Mittags« aus dem vierten und letzten Teil des »Zarathustra«. Nietzsche läßt hier Zarathustra in der Stunde, in der die

---

[41] KSA 1, 813.
[42] KSA 11, 232.

Sonne am höchsten und gerade über Zarathustras Kopf steht, einschlafen und im Schlaf zu seinem Herzen sprechen:

»Still! Still! Ward die Welt nicht eben vollkommen? Was geschieht mir doch? Oh Glück! oh Glück! Willst du wohl singen, oh meine Seele? Du liegst im Grase. Aber das ist die heimliche feierliche Stunde, wo kein Hirt seine Flöte bläst.

Scheue dich! Heißer Mittag schläft auf den Fluren. Singe nicht! Still! Die Welt ist vollkommen.

Singe nicht, du Gras-Geflügel, oh meine Seele! Flüstere nicht einmal! Sei doch – still! der alte Mittag schläft, er bewegt den Mund: trinkt er nicht eben einen Tropfen Glücks – einen alten braunen Tropfen goldenen Glücks, goldenen Weins? Es huscht über ihn hin, sein Glück lacht. So – lacht ein Gott. Still!

Was geschah mir: Horch! Flog die Zeit wohl davon? Falle ich nicht? Fiel ich nicht – horch! in den Brunnen der Ewigkeit? ... Oh Himmel über mir, sprach er seufzend und setzte sich aufrecht, du schaust mir zu? Du horchst meiner wunderlichen Seele zu?

Wann trinkst du diesen Tropfen Taus, der auf alle Erden-Dinge niederfiel, – wann trinkst du diese wunderliche Seele – wann, Brunnen der Ewigkeit! du heiterer schauerlicher Mittags-Abgrund! wann trinkst du meine Seele in dich zurück?«[43].

Hier haben wir eine Erlebnisschilderung, die zugleich metaphysisch und mystisch gedeutet werden kann. Es ist eine metaphysische Erfahrung als Erfahrung der Zeitlosigkeit, es ist eine mystische Erfahrung, in welcher der Erfahrende sich mit dem Erfahrenen vereint. Es ist zugleich eine Erfahrung äußersten Glücks.

V.

Um besser verstehen zu können, was Nietzsche mit ›Philosophie‹ im Sinne des zuvor Gesagten meint, ist es sinnvoll, die Begriffe des Dionysischen und des Apollinischen etwas näher ins Auge zu fassen.

Diese Begriffe erscheinen bei Nietzsche erstmals in seiner frühen Schrift: »Die Geburt der Tragödie aus dem Geiste der Musik« (1872). Nach dem Titel müßte die Schrift eine kunsttheoretische sein.

---

[43] KSA 4, 342ff. Vgl. K. Schlechta: Nietzsches Großer Mittag. Frankfurt 1954; O. F. Bollnow: Das Wesen der Stimmungen. 3. Aufl. Frankfurt 1956, 219ff., G. Wohlfart: Artisten-Metaphysik. Würzburg 1991, bs. S. 61–74; ders.: Der Augenblick. Freiburg-München 1982, S. 100ff.

Sie ist aber weit mehr. Sie ist, wie E. Fink in seinem Nietzsche-Buch schreibt, »im Grunde Nietzsches erster tastender Versuch, seine philosophische Konzeption der Welt auszusprechen«[44]. Denn: »In seiner Theorie der Tragödie gibt Nietzsche eine Weltdeutung, stellt einen Grundriß vom Ganzen des Seienden auf«[45]. Es geht also in dieser Frühschrift um die »ursprüngliche Seinserfahrung Nietzsches, um seine Ontologie«[46].

Das mag vorerst als allgemeiner Hinweis genügen. Blicken wir nun auf den Inhalt der Schrift selbst. Es werden von Nietzsche zwei Arten von Kunst unterschieden. Die eine erhält ihren Namen nach dem griechischen Gott Apollon, die andere nach dem Gott Dionysos. Die apollinische Kunst ist bildhaft: sie hat Beziehung zur bildenden Kunst. Die dionysische Kunst ist unbildlich: sie hat Beziehung zur Musik. In der Tragödie sind Ausdruck des Dionysischen die tragischen Chöre. Ausdruck des Apollinischen sind dagegen die Dialoge in der Tragödie. Ursprung der Tragödie, die ja zum Dionysoskult gehört, ist aber die Musik, das Dionysische. Wie schon eingangs erwähnt, übernehmen die beiden Kunstrichtungen die Funktionen der beiden metaphysischen Prinzipien bei Schopenhauer: dem Willen entspricht das Dionysische, der Vorstellung das Apollinische.

Das Wesen des Dionysischen und des Apollinischen sucht Nietzsche nun zu verdeutlichen durch den Hinweis auf zwei psychische Phänomene. Das Apollinische entspricht dem Traum und seiner Bilderwelt, das Dionysische entspricht dem Rausch, in dem die Bilderwelt verschwindet. Der Traum hat aber auch einen philosophischen Sinn. Im Traum erscheint uns die Welt in ihrer Vielheit, eine vom Individuationsprinzip beherrschte Welt. Dieses Prinzip läßt uns das einzelne Seiende in seiner Einzelhaftigkeit, als Individuum erscheinen, so daß sich die Welt als Vielfalt und Buntheit zeigt. Im Rausch aber zerbricht das Individuationsprinzip. Was hervortritt, ist eine »rauschvolle Wirklichkeit, die … des einzelnen nicht achtet, sondern sogar das Individuum zu vernichten und durch eine mystische Einheitsempfindung zu erlösen sucht«[47]. Hier sind wir wieder ganz nah der »mystischen Intuition« der Philosophie. In seiner frühen Schrift aber geht es Nietzsche noch nicht zunächst um die Philosophie, son-

[44] Nietzsches Philosophie, S. 21.
[45] A. a. O., S. 27.
[46] A. a. O., S. 20.
[47] KSA 1, 30.

dern um die Musik, die den Menschen in einen Zustand versetzen kann, in dem wir unser individuelles Ich vergessen. Nietzsche erinnert an den Schlußsatz von Beethovens neunter Sinfonie: »Jetzt, bei dem Evangelium der Weltenharmonie, fühlt sich jeder mit seinem Nächsten nicht nur vereinigt, versöhnt, verschmolzen, sondern eins, als ob der Schleier der Maja zerrissen wäre und nur noch in Fetzen vor dem geheimnisvollen Ur-Einen herumflattere«[48]. Der ›Schleier der Maja‹ ist ein Begriff der altindischen Vedântaphilosophie. Er bezeichnet die Macht, die den Menschen die Welt in ihrer Vielheit erscheinen läßt, während die eigentliche Wirklichkeit in dem Ur-Einen besteht. Wird der Schleier der Maja weggenommen, so erscheint die Welt als Einheit, d.h. die Einheit alles Seienden, von der der Satz »alles ist eins« spricht. In der griechischen Tragödie (und Nietzsche versteht die Wagnersche Oper als Wiederbelebung der griechischen Tragödie) wirkt also das Apollinische mit dem Dionysischen zusammen. Beim Tragödiendichter zeigt sich dies darin, daß er »in der dionysischen Trunkenheit und mystischen Selbstentäußerung, einsam und abseits von den schwärmerischen Chören niedersinkt und wie sich ihm nun, durch apollinische Traumeinwirkung, sein eigener Zustand, d.h. seine Einheit mit dem innersten Grunde der Welt in einem gleichnisartigen Traumbilde offenbart«[49]. Das Primäre ist aber dabei das Dionysische, während das Apollinische dazu verhilft, das in der dionysischen Ekstase Erlebte zu schauen. Die Musik ist nun die Kunst, in der das Dionysische am reinsten zum Ausdruck kommt: die Erfahrung des Ur-Einen. Der Ursprung der Tragödie ist also die Musik. Die Sprache aber läßt das in dieser Erfahrung Erfahrene zu Bewußtsein kommen: sie ist neben dem bildhaften Geschehen das Apollinische in der Tragödie, ihr Geistiges.

Das sind Aussagen über den Ursprung und das Wesen der Tragödie. Was bedeutet sie aber für den Menschen? In vielen Tragödien wird ja nur Leiden und Untergang dargestellt (und das Tragische hat man – übrigens durch eine sehr einseitige Interpretation – gerade darin gesehen). Dennoch verläßt der Besucher der Tragödie das Schauspiel getröstet. Nietzsche nennt den Trost, den die Tragödie spendet, einen »metaphysischen Trost«. Dieser Trost besteht in der Erkenntnis des einen Seinsgrundes in seiner Unvergänglichkeit gegenüber der Vergänglichkeit des einzelnen Seienden in seiner Einzel-

[48] KSA 1, 29f.
[49] KSA 1,31.

haftigkeit und Vielheit. Die Tragödie verweist »auf das ewige Leben jenes Daseinskernes bei dem fortwährenden Untergange der Erscheinungen«[50]. Darin liegt aber noch mehr. Nach Nietzsche »fühlte sich der griechische Kulturmensch im Angesicht des Satyrchors aufgehoben: und dies ist die nächste Wirkung der dionysischen Tragödie, daß der Staat und die Gesellschaft, überhaupt die Klüfte zwischen Mensch und Mensch einem übermächtigen Einheitsgefühle weiche, welches an das Herz der Natur zurückführt. Der metaphysische Trost …, daß das Leben im Grunde der Dinge trotz allem Wechsel der Erscheinungen unzerstörbar mächtig und lustvoll sei, dieser Trost erscheint in leibhafter Deutlichkeit als Satyrchor, als Chor von Naturwesen, die gleichsam hinter aller Zivilisation unvertilgbar leben und trotz allem Wechsel der Generationen und der Völkergeschichte ewig dieselben bleiben«[51]. Um es für unsere Zwecke etwas einfacher zu sagen: die tragische Kunst läßt uns als Grund aller Dinge das Ur-Eine oder das Leben erfahren, das unzerstörbar ist. Diese Erfahrung ist »lustvoll« und ermöglicht uns, zum Leben Ja zu sagen[52].

Der Gedanke des Dionysischen ist der zentrale Gedanke der Philosophie Nietzsches. Auch in den Aufzeichnungen der achtziger Jahre wirkt er noch nach, und zwar auch wieder in Verbindung mit dem Begriff des Lebens. So heißt es einmal: »Dionysisch: zeitweilige Identifikation mit dem Prinzip des Lebens«[53]. Eine ausführlichere Stelle lautet: »Mit dem Wort ›dionysisch‹ ist ausgedrückt: ein Drang zur Einheit, ein Hinausgreifen über Person, Alltag, Gesellschaft, Realität, über den Abgrund des Vergehens: das leidenschaftlich-schmerzliche Überschwellen in dunklere, vollere, schwebendere Zustände; ein verzücktes Jasagen zum Gesamtcharakter des Lebens, als dem in allem Wechsel Gleichen, Gleich-Mächtigen, Gleich-Seligen; die große pantheistische Mitfreudigkeit und Mitleidigkeit, welche auch die furchtbarsten und fragwürdigsten Eigenschaften des Lebens gutheißt und heiligt … Mit dem Wort ›apollinisch‹ ist ausgedrückt: der Drang zum vollkommenen Für-sich-Sein, zum typischen Individuum …«[54].

Immer wieder aber kehrt Nietzsches Denken zum Begriff des Dionysischen zurück, der schon seine ersten Anfänge geleitet hatte.

---

50 KSA 1, 59.
51 KSA 1, 56.
52 Vgl. auch KSA 1, 108 f.
53 KSA 10, 334.
54 KSA 13, 224.

Dieser Begriff verbindet sich mit dem Begriff des Jasagens zum Leben und zur Welt. Ein Text aus dem letzten Teil des »Zarathustra« lautet:

»›War *das* – das Leben?‹ will ich zum Tode sprechen. ›Wohlan! Noch einmal!‹«[55].

Und im Nachlaß gibt es ein Kapitel mit der Überschrift: »Mein neuer Weg zum Ja«, in welchem Nietzsche über seine Philosophie sagt, sie wolle vordringen bis zu einem dionysischen Jasagen zur Welt, wie sie ist, ohne Abzug, Ausnahme und Auswahl –, sie will den ewigen Kreislauf – dieselben Dinge, dieselbe Logik und Unlogik der Verknotung. Höchster Zustand, den ein Philosoph erreichen kann: dionysisch zum Dasein stehn –: meine Formel dafür ist amor fati«[56].

Nietzsches Schrift »Götzendämmerung«, die noch 1889 erscheint, endet mit den Worten: »ich, der letzte Jünger des Philosophen Dionysos – ich, der Lehrer der ewigen Wiederkunft«[57]

Noch eine Partie aus dem Aufzeichnungen der achtziger Jahre: »Dionysos gegen den Gekreuzigten: da habt ihr den Gegensatz … Man errät: das Problem ist das vom Sinn des Leidens: ob ein christlicher Sinn, ob ein tragischer Sinn. Im ersten Falle soll es ein Weg sein zu einem seligen Sein; im letzteren Fall gilt das Sein als selig genug, um ein Ungeheures von Leid noch zu rechtfertigen … Der Gott am Kreuz ist ein Fluch auf das Leben, ein Fingerzeig, sich von ihm zu erlösen; – der in Stücke geschnittene Gott Dionysos ist eine Verheißung des Lebens: es wird ewig wiedergeboren und aus der Zerstörung heimkommen«[58]. So ist Nietzsches Philosophie vor allem durch das dionysische Element bestimmt, während das des Apollinischen zurücktritt, vermutlich auch deshalb, weil es von Nietzsche unzureichend bestimmt worden war.

2. Wilhelm Dilthey

Dilthey ist der erste Denker des ausgehenden 19. Jahrhunderts, der seine Philosophie wesenhaft als »Philosophie des Lebens« versteht, und ähnlich wie Ernst Robert Curtius bezieht er sich auf eine all-

---

[55] KSA 4, 396.

[56] KSA 13, 492.

[57] KSA 6, 160.

[58] KSA 13, 266. Vgl. ferner KSA 6, 373 f.

gemeine Tendenz seiner Zeit, freilich jetzt auf die Philosophie beschränkt: »Das philosophische Denken der Gegenwart dürstet und hungert nach dem Leben«[59]

Bevor wir auf Diltheys Philosophie eingehen, seien einige Lebensdaten festgehalten. Wilhelm Dilthey ist 1833 in Biebrich am Rhein geboren (heute zu Wiesbaden gehörig). Sein Vater war evangelischer Geistlicher, nassauischer Hofprediger. Es verwundert daher nicht, daß der junge Dilthey zunächst Theologie studierte, und zwar in Heidelberg, wo er philosophische Vorlesungen bei dem Kantforscher und Hegelbiographen Kuno Fischer (1824–1907) hörte. Nach dem theologischen Examen geht er nach Berlin und studiert dort Philosophie und klassische Philologie, welches Studium er wiederum mit einem Examen abschließt (1856). Einige Zeit verbringt Dilthey dann im Schuldienst am Gymnasium. Im Jahre 1864, also mit vierzig Jahren, promoviert er bei Trendelenburg mit einer Arbeit über Schleiermacher und habilitiert sich noch im gleichen Jahr an der Berliner Universität mit einer Arbeit über das moralische Bewußtsein. Er folgt dann verschiedenen Rufen: 1867 nach Basel, 1868 nach Kiel, 1871 nach Breslau und 1883 wieder nach Berlin, wo er bis 1908 gelehrt hat. Er ist 1911 in Seis bei Bozen gestorben.

In seinen Schriften hat Dilthey die Idee einer Philosophie des Lebens entwickelt, die Idee einer philosophischen Hermeneutik des Lebens, die Idee einer Philosophie, die das Leben verstehen und deuten will. Dazu nun einige Hinweise und Betrachtungen.

I.

Wie anders also ist das Leben und Schaffen Diltheys im Vergleich zu dem Leben Nietzsches verlaufen: ganz im Rahmen des akademischen Studiums und der Laufbahn als akademischer Lehrer. Dennoch sind seine Gedanken weit von dem entfernt, was die damalige Universitätsphilosophie für wichtig hielt: Logik und Erkenntnistheorie sowie philosophiegeschichtliche Forschung oder oft auch nur philosophiegeschichtliches Referat. Diltheys Ziel war dennoch immer auch ein wissenschaftliches: die Grundlegung der Geisteswissenschaften, die er den Naturwissenschaften gegenüberstellen wollte. Ihr Unter-

---

[59] GS 7, 268.

schied erscheint bei Dilthey schon in der Methode: die Methode der Geisteswissenschaften ist das Verstehen, die Methode der Naturwissenschaften das Erklären. Die Geisteswissenschaften beziehen sich auf unsere innere Erfahrung, die Naturwissenschaften auf äußere Erfahrung. Innere Erfahrung erscheint als »Erlebnis«. Erlebt aber wird das Leben, und zwar unser individuelles Leben auf dem Grunde des universalen, des allgemeinen Lebens. Wir kommen gleich noch darauf zurück.

Der Begriff des Lebens wird zum Grundbegriff der Diltheyschen Philosophie, die man mit Recht deshalb als Philosophie des Lebens charakterisiert hat. So heißt es in einer Notiz: »Leben ist die Grundtatsache, die den Ausgangspunkt der Philosophie bilden muß. Es ist das von innen Bekannte. Es ist dasjenige, hinter welches nicht zurückgegangen werden kann«[60]. Weil das Leben »das von innen Bekannte« ist, geht Diltheys Philosophieren von der inneren Erfahrung aus. So schreibt er einmal: »Ausschließlich in der inneren Erfahrung, in den Tatsachen des Bewußtseins, fand ich den festen Ankergrund für mein Denken«[61]. Daher fühlt sich Dilthey durchaus als Neuerer, als Begründer eines neuen philosophischen Denkens: »Der Grundgedanke meiner Philosophie ist, daß bisher noch niemals die ganze, volle, unverstümmelte Erfahrung dem Philosophieren zugrunde gelegt worden ist, mithin noch niemals die ganze und volle Wirklichkeit«[62]. Diese Wirklichkeit erscheint dem philosophischen Denken als das Leben. Dilthey schreibt in diesem Sinne an Yorck von Wartenburg, dessen Geschichtsphilosophie übrigens auf Martin Heidegger Einfluß hatte: »Man muß vom Leben ausgehen. Das heißt nicht, daß man dieses analysieren muß. Die Philosophie ist eine Aktion, welche das Leben, das heißt das Subjekt in seinen Relationen als Lebendigkeit, zum Bewußtsein erhebt und zu Ende denkt«[63]. Dilthey will »Leben zeigen, wie es ist ... Das Leben beschreiben, das ist unser Ziel«. Dilthey will dabei das Leben ganz innerhalb des Bereichs der menschlichen Erfahrung betrachten: »Aber wir wollen es auch in seiner unergründlichen Tiefe, in seinem unergründlichen Zusammenhang sichtbar machen«[64]. Und daher ist »das Rätsel des Lebens: der einzige,

---

[60] GS 7, 359.
[61] GS 1, XVII.
[62] GS 8, 171.
[63] Briefwechsel zwischen Wilhelm Dilthey und dem Grafen Paul York von Wartenburg. Halle 1923, S. 247.
[64] GS 5, LIV.

dunkle, erschreckende Gegenstand aller Philosophie«[65]. Im Vorbericht zum 5. Band der Gesammelten Schriften bemerkt Nohl zu diesem Lebensbegriff: »Lebendiger hat auch Nietzsche das Leben nicht zu ergreifen vermocht, wahrer auf keinen Fall«[66].

Gegenstand der Philosophie ist also das Leben, und zwar das Leben in seiner ganzen Breite, aber auch in seiner ganzen Tiefe und in seiner ganzen Rätselhaftigkeit. Die Philosophie aber hebt das Leben ins Bewußtsein, macht das Leben bewußt, und zwar nicht zuletzt auch deshalb, weil es im Wesen des Lebens selbst liegt, zu Bewußtsein kommen zu wollen. »Das Leben verlangt gebieterisch eine Leitung durch den Gedanken«[67]. Die Aufgabe der Philosophie ist es: »Das Leben sich als innere Erfahrung zum besonnenen Bewußtsein zu bringen und Erfahrungen zu Gedanken zu steigern«[68]. In die Erfahrung des Lebens wirft der Philosoph »das Licht des logischen Denkens«[69]. Das erinnert ein wenig an Nietzsches Beschreibung des Ursprungs der Philosophie aus der mystischen Intuition und der Dialektik als Mittel, das in der Intuition Geschaute zur Sprache zu bringen.

Dergleichen ist ganz neu innerhalb dessen, was damals an den Universitäten an Philosophie vorgebracht wurde. Dilthey weiß, daß sein Denken keine »Kathederphilosophie« ist[70]. Wie Nietzsche will Dilthey den die abendländische Metaphysik beherrschenden Gedanken des Seins durch den des Lebens ersetzen. In der ernstzunehmenden Philosophie der Gegenwart »ist die metaphysische Kathederphilosophie zur schattenhaften Existenz geworden«[71]. Denn: »Wenn die Möglichkeiten der Metaphysik von einer gegebenen Grundlage aus erschöpft sind, scheint die Auflösung des Lebensrätsels in einer nebelhaften Ferne sich zu verlieren«[72]. Daher ist Metaphysik als Wissenschaft für Dilthey in jeder Form unmöglich geworden. »Aber das Meta-Physische unseres *Lebens* als persönliche Erfahrung, d.h. als

---

65 GS 8, 140.

66 GS 5, XVI.

67 GS 6,189.

68 Briefwechsel, S. 52.

69 GS 8, 32.

70 GS 8, 190. Vgl. dazu Carl Ulmer: Der Ausbruch aus der Universitätsphilosophie. Eine Erinnerung an die Grundintention des Gesamtwerkes von Wilhelm Dilthey. In: Philosophische Perspektiven 4 (1978), S. 279–416.

71 GS 8, 196.

72 GS 8, 196f.

moralisch-religiöse Wahrheit bleibt übrig«[73]. Das heißt: »die metaphysische Wissenschaft ist ein historisch begrenztes Phänomen, das meta-physische Bewußtsein der Person ist ewig«[74]. Und aus diesem metaphysischen Bewußtsein der Person entwickelt sich eine neue Metaphysik: es ist die Metaphysik, die die Lebensphilosophie trägt, eine Metaphysik der inneren Erfahrung, eine Metaphysik der Erfahrung des Lebens, wie es sich der Innerlichkeit, dem Bewußtsein zeigt.

II.

Für Dilthey ist das Leben aber wesenhaft geschichtlich bestimmt. Lebensphilosophie und Geschichtlichkeit hängen bei ihm eng miteinander zusammen. Dazu bemerkt O. F. Bollnow in seinem schönen Diltheybuch: »Diese Vereinigung einer Philosophie des Lebens mit dem Problem der Geschichte ist die eigentümliche und entscheidende Leistung Diltheys«[75]. Ob diese Verbindung wirklich so eng ist, scheint mir allerdings sehr fraglich. Jedenfalls tritt mit der Geschichte in Diltheys Lebensphilosophie ein ganz neues Thema hervor, das im Einzelleben und im Bewußtsein selbst nicht erfahren wird.

Mit diesem Gedanken der engen Verbundenheit von Leben und Geschichte kritisiert Dilthey dann Nietzsche. Dieser gilt ihm als »schreckendes Beispiel dafür, wohin das Brüten des Einzelgeistes über sich selbst führt, welcher das Wesenhafte in sich selber erfassen möchte. Er sagt der Geschichte ab … Von allem glaubt er abstrahieren zu müssen, was diese Geschichte und Gemeinschaft an ihm getan«[76]. Nach Dilthey sieht also Nietzsche den Menschen als geschichtslos und außerhalb der sozialen Gegebenheiten stehend an. Diese unhistorische Sicht wird von Dilthey als verfehlt angesehen. Denn: »was der Mensch sei, sagt ihm nur seine Geschichte«[77]. Und: »Der Mensch erkennt sich nur in der Geschichte, nicht durch Introspektion«[78].

---

[73] GS 1, 384.

[74] GS 1, 386.

[75] Dilthey. Eine Einführung in seine Philosophie. Leipzig 1936, 2. Aufl. Stuttgart 1955, S. 35.

[76] GS 4, 528 f.

[77] GS 8, 224.

[78] GS 7, 250. Vgl. auch Goethes Wort: »Wie kann man sich selbst kennen lernen? Durch Betrachten niemals, wohl aber durch Handeln« (Werke 12, 517 Hamburger Ausgabe).

Oder: »die Totalität der Menschennatur ist nur in der Geschichte«[79]. Gemeint ist natürlich nicht die äußere Geschichte, die politische Geschichte, die soziale Geschichte, sondern die innere Geschichtlichkeit und, damit zusammenhängend, die innere Gesellschaftlichkeit, d.h. die innere Bestimmtheit durch die anderen Menschen.

Vom Gedanken der Geschichtlichkeit des Lebens ausgehend, wendet sich Dilthey auch gegen Kant: »Das a priori Kants ist starr und tot; aber die wirklichen Bedingungen des Bewußtseins und seine Voraussetzungen, wie ich sie begreife, sind lebendiger geschichtlicher Prozeß, sind Entwicklung, sie haben ihre Geschichte, und der Verlauf dieser Geschichte ist ihre Anpassung an die immer genauer induktiv erkannte Mannigfaltigkeit der Empfindungsinhalte«[80]. Von hier aus ist auch zu verstehen, daß Dilthey der Kantschen »Kritik der reinen Vernunft« eine »Kritik der historischen Vernunft« entgegenstellen wollte[81].

Dilthey wendet sich aber außerdem gegen Hegels Geschichtsphilosophie. Zwar hält er Hegel für »eines der größten historischen Genies aller Zeiten«[82], aber er lehnt eine Konstruktion des Geschichtsverlaufs nach Gesetzen der Vernunft ab. Die Geschichte ist bestimmt durch das Faktische, Empirische. Hegels Begriff des »objektiven Geistes«, mit dem er Recht, Moralität und Sittlichkeit (bei Hegel: Familie, Gesellschaft, Staat) zusammenfaßt, wird von Dilthey durchaus als »tiefsinnig und glücklich gebildet« bezeichnet[83]. Dann allerdings wird kritisiert: »Aber die Voraussetzungen, auf die Hegel diesen Begriff gestellt hat, können heute nicht mehr festgehalten werden. Er konstruierte die Gemeinschaften aus dem allgemeinen vernünftigen Willen. Wir müssen heute von der Realität des Lebens ausgehen; im Leben ist die Totalität des seelischen Zusammenhanges wirksam«. Gegen Hegels Vernunft steht hier also Diltheys Lebensbegriff. Und von da aus ergeben sich grundsätzliche Unterschiede zwischen der Hegelschen und der Diltheyschen Geschichtsauffassung. An der eben zitierten Stelle fährt Dilthey fort: »Hegel konstru-

---

[79] GS 8, 168.
[80] GS 19, 44.
[81] Vgl. dazu auch H.-U. Lessing: Die Idee einer Kritik der historischen Vernunft. Wilhelm Diltheys erkenntnistheoretisch-logisch-methodologische Grundlegung der Geisteswissenschaften. Freiburg-München 1984; F. Rodi: Diltheys Kritik der historischen Vernunft. Programm oder System? In: Dilthey-Jahrbuch 3 (1985), S. 140–165.
[82] GS 7, 99.
[83] GS 7, 148.

iert metaphysisch; wir analysieren das Gegebene. Und die heutige Analyse der menschlichen Existenz erfüllt uns alle mit dem Gefühl der Gebrechlichkeit, der Macht des dunklen Triebes, des Leidens an den Dunkelheiten und den Illusionen, der Endlichkeit in allem, was Leben ist, auch wo die höchsten Gebilde des Gemeinschaftslebens aus ihm entstehen. So können wir den objektiven Geist nicht aus der Vernunft verstehen, sondern müssen auf den Strukturzusammenhang der Lebenseinheiten, der sich in den Gemeinschaften fortsetzt, zurückgehen«[84]. Das sagt Dilthey gegen den Hegelschen Optimismus des Geschichtsverlaufs, der aus einem weltfremden Wirklichkeitsbewußtsein hervorgegangen zu sein scheint. Das neue Wirklichkeitsbewußtsein führt dann auch zu einem neuen Verständnis des »objektiven Geistes«: Denn »wir können den objektiven Geist nicht in eine ideale Konstruktion einordnen, vielmehr müssen wir seine Wirklichkeit in der Geschichte zugrunde legen. Wir suchen diese zu verstehen und in adäquaten Begriffen darzustellen. Indem so der objektive Geist losgelöst wird von der einseitigen Begründung in der allgemeinen, das Wesen des Weltgeistes aussprechenden Vernunft, losgelöst auch von der ideellen Konstruktion, wird ein neuer Begriff desselben möglich: in ihm sind Sprache, Sitte, jede Art von Lebensform, von Stil des Lebens ebensogut erfaßt wie Familie, bürgerliche Gesellschaft, Staat und Recht. Und nun fällt auch das, was Hegel als den absoluten Geist vom objektiven unterschied: Kunst und Religion und Philosophie unter diesen Begriff …«[85]. Diltheys Begriff des objektiven Geistes ist also viel weiter als der Hegelsche. Bei Hegel gibt es den subjektiven Geist (Seele, Bewußtsein, Geist), dann den objektiven Geist (Recht, Moralität, Sittlichkeit), schließlich den absoluten Geist (Kunst, Religion, Philosophie). Von Diltheys Begriff des Lebens her gehört das alles aber zusammen unter dem Aspekt der »Objektivationen des Lebens«. Diese sind das, was Hegel »objektiven Geist« nannte. Durch den Begriff der ›Objektivation des Lebens‹ gewinnen wir erst einen Einblick in das Wesen des Geschichtlichen. Dilthey führt uns dies sehr schön vor Augen durch die folgenden Beispiele: »Von der Verteilung der Bäume in einem Park, der Anordnung der Häuser in einer Straße, dem zweckmäßigen Werkzeug des Handwerkers bis zu dem Strafurteil im Gerichtsgebäude ist um uns stündlich geschichtlich Gewordenes. Was der Geist heute hineinverlegt von seinem Charak-

[84] GS 7, 150.
[85] GS 7, 150f.

ter in seine Lebensäußerung, ist morgen, wenn es dasteht, Geschichte. Wie die Zeit voranschreitet, sind wir von Römerruinen, Kathedralen, Lustschlössern der Selbstherrschaft umgeben. Geschichte ist nichts vom Leben Getrenntes, nichts von der Gegenwart durch ihre Zeitferne Gesondertes«[86]

Auf der Grundlage der »Objektivationen des Lebens« entsteht für Dilthey eine neue Sicht der Geschichtswissenschaft. Anders als bei Hegel gilt es nach Dilthey, »das Gegebene der geschichtlichen Lebensäußerungen als die wahre Grundlage des historischen Wissens anzuerkennen« und aufgrund dieses Gegebenen die Frage zu beantworten, wie Geschichtswissenschaft möglich sei.

III.

Diltheys Lebensphilosophie will aber nicht nur die Geschichte in die Betrachtung einbeziehen, sondern auch das, was er gelegentlich die »Welt« nennt. Ausgangspunkt für eine derartige Betrachtung ist wiederum das Leben: »Ehedem suchte man von der Welt aus Leben zu erfassen. Es gibt aber nur den Weg von der Deutung des Lebens zur Welt«[87]. Dilthey geht also aus vom Leben. Das Leben aber zeigt sich im Erlebnis, d.h. im Subjekt. Deshalb ist Diltheys Philosophie aber nicht subjektivistisch, denn im Erleben erscheint das über das einzelne Subjekt hinausgehende Leben. In diesem Sinne kann Dilthey schreiben: »Leben erfaßt hier Leben«[88]. Und: »Leben ist ein Teil des Lebens überhaupt«[89]. Schon darin liegt zugleich, daß die Diltheysche Philosophie auch nicht akosmistisch sein will, denn sie geht vom Leben des Individuums weiter zum Leben schlechthin, aber auch zur Welt im ganzen, wie oben angeführt.

Allerdings muß man sich klarmachen, daß Dilthey das Wort ›Leben‹ in einem zweifachen Sinn verwendet. Er kann das Leben des einzelnen Menschen meinen, aber auch das Leben schlechthin. Die Berechtigung für diesen Sprachgebrauch ergibt sich daraus, daß wir ja nicht nur in uns unser eigenes Leben erfahren, sondern zugleich, was Leben schlechthin ist. In dem Satz: »Leben ist ein Teil des Lebens

---

[86] GS 7,147f.
[87] GS 7, 291.
[88] GS 7, 136.
[89] GS 7, 359.

überhaupt«, ist das erste ›Leben‹ als das individuelle Leben zu verstehen, das zweite ›Leben‹ als das universale Leben. Allerdings ist Dilthey vor allem Geisteswissenschaftler, und wenn er vom ›Leben‹ spricht, so meint er vor allem die Welt des Geistigen, die Welt der Kultur in ihren verschiedenen Bereichen: Philosophie, Kunst, Religion, Gesellschaft, Recht, Politik, Wissenschaft usw., kurz: »die Menschenwelt«[90].

Als Geisteswissenschaftler und als Theoretiker der Geisteswissenschaften versteht Dilthey das Leben bekanntlich als das »von innen Bekannte«[91], als »Erlebnis«. Das Leben wird erlebt. Dilthey mußte sich deshalb näher mit dem Begriff des Erlebnisses und des Erlebens beschäftigen. Das geschieht besonders eindringlich in seiner Auseinandersetzung mit der Psychologie seiner Zeit. Diese wollte nach dem Vorbild der Naturwissenschaften das Seelenleben in seine Elemente zerlegen und von daher erklären. Dilthey nennt diese Wissenschaft daher »erklärende Psychologie«. »Sie will die Konstitution der seelischen Welt nach ihren Bestandteilen, Kräften und Gesetzen genau so erklären, wie die Physik und Chemie die der Körperwelt erklärt«[92]. Es ist aber zu fragen, ob die Übertragung naturwissenschaftlicher Verfahren auf das Seelenleben des Menschen berechtigt ist. Die Phänomene der Naturwissenschaften sind uns von außen, die der Geisteswissenschaften uns aber von innen gegeben. Daraus ergibt sich für Dilthey der bekannte Satz: »Die Natur erklären wir, das Seelenleben verstehen wir«[93]. Und: »Das Verstehen ist ein Wiederfinden des Ich im Du«[94]. Für die Geisteswissenschaften gilt, »daß in ihnen der Zusammenhang des Seelenlebens als ein ursprünglich gegebener überall zugrunde liegt«[95]. Deshalb fordert Dilthey eine »beschreibende und zergliedernde Psychologie«. Darunter versteht er »die Darstellung der in jedem entwickelten menschlichen Seelenleben gleichförmig auftretenden Bestandteile und Zusammenhänge, wie sie in einem einzigen Zusammenhang verbunden sind, der nicht hinzugedacht oder erschlossen, sondern erlebt ist. Diese Psychologie ist also Beschreibung und Analysis eines Zusammenhangs, welcher ur-

[90] GS 6, 314.
[91] GS 7, 359.
[92] GS 5, 139.
[93] GS 5, 144.
[94] GS 7, 191.
[95] GS 5, 143 f.

sprünglich und immer als das Leben selbst gegeben ist«[96]. Nur eine solche Psychologie sei auch in der Lage, sich den Gedanken der großen Dichter und Denker über die Seele und das Leben anzunähern. Nur sie macht diese Gedanken erst für die Wissenschaft zugänglich und faßbar[97].

IV.

Dilthey hat sich in der Tat immer wieder um die Deutung der Schriften großer Philosophen, Theologen und Dichter bemüht. Dabei geht er meist biographisch vor, weil das Denken oder Dichten eines Autors eng mit seinem Leben zusammenhängt. Hierhin gehören einige wichtige und zum Teil sehr umfangreiche Werke Diltheys: so »Die Jugendgeschichte Hegels« (1905) oder das »Leben Schleiermachers« oder das Buch über »Das Erlebnis und die Dichtung« (1906) mit Abhandlungen über Lessing, Goethe, Hölderlin und Novalis.

Aus diesem letztgenannten Buch zitiere ich zunächst einige Stellen, aus denen hervorgeht, wie Dilthey sich den Zusammenhang von Dichtung und Leben vorstellt. In dem Abschnitt über Goethe heißt es: »Poesie ist Darstellung und Ausdruck des Lebens. Sie drückt das Erlebnis aus, und sie stellt die äußere Wirklichkeit des Lebens dar. Ich versuche die Züge des Lebens in der Erinnerung meiner Leser wachzurufen«[98]. Das Verstehen eines Werkes der Dichtung setzt nach Dilthey also voraus, daß der Leser das im Werk Ausgesprochene auf seine eigene Lebenserfahrung bezieht, und zwar auf das, was in ihr sich auf das Leben selbst bezog, nicht auf irgendwelche Besonderheiten und Einzelheiten. Dasselbe gilt für die Entstehung einer Dichtung. Dazu schreibt Dilthey: »Der Ausgangspunkt des poetischen Schaffens ist immer die Lebenserfahrung, als persönliches Erlebnis oder als Verstehen anderer Menschen, gegenwärtiger wie vergangener, und der Geschehnisse, in denen sie zusammenwirkten. Jeder der unzähligen Lebenszustände, durch die der Dichter hindurchgeht, kann in psychologischem Sinne als Erlebnis bezeichnet werden: eine tiefer greifende Beziehung zu seiner Dichtung kommt nur denjenigen unter den Momenten seines Daseins zu, welche ihm *einen Zug*

---

[96] GS 5, 152.
[97] GS 5, 153.
[98] Leipzig 1906, S. 113.

des Lebens aufschließen«. Aber auch der Leser erweitert sein Lebensgefühl durch die Lektüre des dichterischen Werks. Deswegen greift er zur Dichterlektüre. »Den durch seinen Lebensgang eingeschränkten Menschen befriedigt es, die Sehnsucht, Lebensmöglichkeiten, die er selber nicht realisieren kann, durchzuerleben. Es öffnet ihm den Blick in eine höhere und stärkere Welt ... Denn jedes echte poetische Werk hebt an dem Ausschnitt der Wirklichkeit, die es darstellt, eine Eigenschaft des Lebens heraus, die so vorher nicht gesehen worden ist«. Dilthey erblickt in der Erweiterung unseres Lebensverständnisses die eigentliche Leistung des Dichters und den Grund dafür, daß wir die Dichter lesen: »Es ist dann der Kunstgriff der größten Dichter, das Geschehnis so hinzustellen, daß der Zusammenhang des Lebens selbst und sein Sinn aus ihm herausleuchtet. So erschließt uns die Poesie das Verständnis des Lebens«[99].

Die Kunst der Hermeneutik, die Kunst des Interpretierens besteht ebenfalls darin, das Lebensmoment aus einer Dichtung herauszuarbeiten. Dabei kann es dem Interpreten durchaus gelingen, eine Einsicht über das Leben im Dichtwerk vorzufinden, die dem Dichter selbst nicht bewußt war. Am Schluß des Aufsatzes »Die Entstehung der Hermeneutik« aus der Sigwart-Festschrift (Tübingen 1900) heißt es: »Das letzte Ziel des hermeneutischen Verfahrens ist, den Autor besser zu verstehen, als er sich selber verstanden hat. Ein Satz, welcher die notwendige Konsequenz der Lehre von dem unbewußten Schaffen ist«[100].

V.

Leben aber geschieht in der Zeit. »In dem Leben ist als erste kategoriale Bestimmung desselben, grundlegend für alle anderen, die Zeitlichkeit enthalten«[101]. Im Erlebnis der Zeit aber »wird die Zeit erfahren als das rastlose Vorrücken der Gegenwart, in welchem das Gegenwärtige immerfort Vergangenheit wird und das Zukünftige Gegenwart. Gegenwart ist die Erfüllung eines Zeitmomentes mit Realität, sie ist Realität im Gegensatz zur Erinnerung oder zu den

---

99 A. a. O., S. 125. Vgl. ferner a. a. O., S. 230: »Lyrik in ihrer schlichtesten und ergreifendsten Form spricht das Gefühl des Daseins aus, wie ein Erlebnis es erweckt«.
100 GS 5, 331.
101 GS 7, 192.

Vorstellungen von Zukünftigem, die im Wünschen, Erwarten, Hoffen, Fürchten, Wollen auftreten«[102]. Wir haben hier eine sehr aufschlußreiche Analyse des Zeiterlebnisses vor uns. Dilthey beschreibt das Fließen der Zeit, den Strom der Zeit, aus der Zukunft in die Gegenwart und von da in die Vergangenheit. Was zeichnet die Gegenwart aber aus vor der Zukunft und Vergangenheit? Dilthey antwortet: »Gegenwart ist die Erfüllung eines Zeitmomentes mit Realität«. Es geht hier nicht weiter, aber es leuchtet ein, daß die in der Gegenwart erfahrene Realität dem Seinsbegriff entspricht. Nur in der Gegenwart fällt die Zeit mit der Erfahrung des Seins ineins. Es handelt sich in der Tat um eine Erfahrung des Seins, nicht eine Erfahrung des uns in allem Erfahren begegnenden Seienden in seiner Vielfalt, seinem Kommen und Gehen. Dilthey drückt das folgendermaßen aus: »Diese Erfüllung mit Realität oder Gegenwart besteht ständig, während das, was den Inhalt des Erlebens ausmacht, sich immerfort ändert«[103].

Von der Gegenwart aus erleben wir Vergangenheit und Zukunft verschieden. »Wenn wir auf die Vergangenheit zurückblicken, verhalten wir uns passiv; sie ist das Unabänderliche; vergebens rüttelt der durch sie bestimmte Mensch an ihr in Träumen, wie es anders könnte geworden sein. Verhalten wir uns zur Zukunft, dann finden wir uns aktiv, frei. Hier entspringt neben der Kategorie der Wirklichkeit, die uns an der Gegenwart aufgeht, die der Möglichkeit. Wir fühlen uns im Besitz unendlicher Möglichkeiten. So bestimmt das Erlebnis der Zeit nach allen Richtungen den Gehalt unseres Lebens«[104].

Zum Erleben der Gegenwart gibt es bei Dilthey nun noch weitere, recht subtile Betrachtungen, die übrigens stark an die Zeitanalysen bei Bergson erinnern (den Dilthey allerdings nicht zitiert, den er aber vielleicht gekannt hat). Dilthey betont nicht selten, daß wir die Zeit als »Zeitverlauf« erleben. Was heißt das? »Gegenwart *ist* niemals; was wir als Gegenwart erleben, schließt immer Erinnerung an das in sich, was eben gegenwärtig war. Unter allen anderen Momenten teilt das Fortwirken des Vergangenen als Kraft in der Gegenwart, die Bedeutung desselben für sie, dem Erinnerten einen eigenen Charakter von Präsenz mit, durch die es in die Gegenwart einbezogen

102 GS 7, 193.
103 A. a. O.
104 GS 7, 193 f.

wird. Was so im Fluß der Zeit eine Einheit in der Präsenz bildet, weil es eine einheitliche Bedeutung hat, ist die kleinste Einheit, die wir als Erlebnis bezeichnen können«[105]. Darin liegt die Einsicht, daß man zwar die Gegenwart abstrakt mathematisch von außen her bestimmen kann, gewissermaßen als einen Punkt, der Vergangenheit und Zukunft trennt, daß aber Gegenwart niemals so erlebt wird. Wir erleben nämlich immer in der Gegenwart noch ein kleines Stück der gerade vergangenen Gegenwart mit (und, wie ich glaube hinzufügen zu dürfen, es richtet sich gewissermaßen der Blick der Gegenwart auch schon ein wenig in die Zukunft). Gegenwart wird als Kontinuum erlebt.

Dieser Charakter des Zeitflusses in der Gegenwart, in die noch ein Stück Vergangenheit und ein Vorblick in die Zukunft hineinragt, bedingt es nun, daß man im Grunde die Gegenwart gar nicht richtig in unsere Begriffe fassen kann. In dem Augenblick nämlich, in welchem ich meine Aufmerksamkeit auf die Gegenwart richte, ist sie ja schon wieder in die Vergangenheit entwichen. Ich kann die Gegenwart nicht eigentlich zum Gegenstand meiner Betrachtung machen, weil sie in dem Augenblick, in welchem sie mir gegenständlich geworden ist, schon wieder vergangen ist. Es kommt hinzu, daß durch diese Vergegenständlichung die Gegenwart sich verändert, indem sie etwas Festes wird, den Charakter des Fließens verliert. »Das Erleben ist ein Ablauf in der Zeit, in welchem jeder Zustand, ehe er deutlicher Gegenstand wird, sich verändert, da ja der folgende Augenblick immer sich auf den früheren aufbaut, und in welchem jeder Moment … Vergangenheit wird«. Das bedeutet: »Die Beobachtung aber zerstört das Leben«[106]. Unsere Aufmerksamkeit auf das Erlebnis der Gegenwart macht eben das Fließende fest und nimmt ihm damit seinen Charakter. Daher »können wir das Wesen dieses Lebens selbst nicht erfassen«[107]. Wir können es eben nur erleben.

Wir erleben das Leben aber nicht nur im Augenblick, sondern auch im Blick auf das Ganze des bisherigen Lebensverlaufs. Wenn wir ihn verstehen wollen, so gibt es nach Dilthey drei Kategorien des Denkens, die hier zu berücksichtigen sind: Wert, Zweck und Bedeutung. Diese drei Kategorien hängen eng mit den drei Dimensionen der Zeit zusammen: »Indem wir zurückblicken in der Erinne-

---

105 GS 7, 194.
106 GS 7, 194.
107 GS 7, 195.

rung, erfassen wir den Zusammenhang der abgelaufenen Glieder des Lebensverlaufs unter der Kategorie ihrer Bedeutung. Wenn wir in der Gegenwart leben, die von Realitäten erfüllt ist, erfahren wir im Gefühl ihren positiven oder negativen Wert, und wie wir uns der Zukunft entgegenstrecken, entsteht aus diesem Verhalten die Kategorie des Zweckes … Keine dieser Kategorien kann der andern untergeordnet werden, da jede von einem andern Gesichtspunkt aus das Ganze des Lebens dem Verstehen zugänglich macht«[108]. Dennoch ist für Dilthey die Kategorie der Bedeutung die Wichtigste. Zwar ist der in der Gegenwart erlebte Wert die erfahrungsmäßige Grundlage, auf die sich das in die Zukunft gerichtete Zweckdenken dann stützt: es entwirft Werte in eine noch nicht gegenwärtige Zeit. Den Lebenszusammenhang stellt nur die Kategorie der Bedeutung her: im Blick auf die Vergangenheit erfassen wir den Sinn, den unser Leben bisher gehabt hat. Anhand der Selbstbiographien des Augustinus, Rousseaus und Goethes zeigt Dilthey, wie jeweils im Lebensrückblick dem Lebensverlauf eine Bedeutung, ein Sinn gegeben wird. Überhaupt ist nach Dilthey die Autobiographie »nur die zu schriftstellerischem Ausdruck gebrachte Selbstbesinnung des Menschen über seinen Lebensverlauf«[109]. Der Diltheyschüler Misch hat diesen Gedanken aufgenommen.

3. Henri Bergson

Der dritte unter den »Gründern« der Lebensphilosophie ist der Franzose Henri Bergson. Er gilt Rickert sogar als der wichtigste Anreger lebensphilosophischen Denkens.

Zuvor einige Hinweise zu seiner Biographie. Bergson ist 1859 in Paris geboren und dort 1941 gestorben (über die Umstände seines Todes werde ich später noch einiges sagen). Lehrer Bergsons war Emile Boutroux (1845–1921), der seit 1885 an der Sorbonne in Paris den philosophischen Lehrstuhl innehatte. Boutroux' Philosophie richtet sich gegen den damals in den Wissenschaften herrschenden Determinismus. Gegen diesen lehrt Boutroux, die Naturgesetze seien nur annähernd streng, selbst im Felde des Anorganischen gebe es undeterminierte Prozesse, im Bereich des Organischen aber finde sich

[108] GS 7, 201.
[109] GS 7, 200.

immer wieder Freiheit und Individualität. Solche Gedanken werden wir bei Bergson dann wiederfinden. Boutroux war Schüler von Félix Ravaisson-Mollien (1813–1900), über den Bergson später einen bemerkenswerten Aufsatz verfaßte[110]. Ravaisson hatte bei Schelling studiert, und über Ravaisson hat Bergson Gedanken der deutschen idealistischen Philosophie aufgenommen (was ihm in Deutschland gelegentlich dann den Vorwurf des Plagiats einbrachte). 1878 beginnt Bergson das Studium der Philosophie an der Ecole Normale Supérieur, besteht dort 1881 die Abschlußprüfung und wird dann Gymnasiallehrer, wobei er nacheinander in Angers, Clermont-Ferrand und schließlich in Paris lehrt. Er veröffentlicht während seiner Zeit als Gymnasiallehrer zwei wichtige Werke: den »Essai sur les données immédiates de la conscience« (1889), seine Doktoratsthese; sowie »Matière et mémoire« (1896).

Endlich wird Bergson nach siebzehnjähriger Tätigkeit als Philosophielehrer am Gymnasium zum außerordentlichen Professor an der Ecole Normale ernannt, und zwei Jahre später, also 1900, erhält er den philosophischen Lehrstuhl am Collège de France. Jetzt beginnt die große Zeit für Bergsons Philosophie. Seine Vorlesungen am Collège de France sind überfüllt, nicht nur Studenten sind seine Hörer, sondern auch später berühmte Philosophen wie Lavelle und Maritain, politische Schriftsteller wie Charles Péguy und Georges Sorel, Künstler wie der Maler Georges Rouault oder die Lyrikerin Anne de Noailles. Im Jahre 1907 erscheint Bergsons Buch »L'évolution créatrice«, das für die Lebensphilosophie von grundlegender Bedeutung wurde. Bergson lehrt am Collège de France bis 1921, dann überläßt er seinen Lehrstuhl einem seiner Anhänger, Edouard LeRoy (1870–1954), dessen Nachfolger zwanzig Jahre später dann Louis Lavelle wird (1883–1951).

Aus den Jahren zwischen 1921 und 1941 erwähne ich nur noch einige wenige Dinge. Hervorzuheben ist vor allem, daß Bergson im Jahre 1927 der Nobelpreis für Literatur zugesprochen wird, und zwar, wie es in der Begründung heißt, »in Anerkennung des Reichtums und der Fruchtbarkeit seiner Ideen und der glänzenden Form, in der sie vorgetragen werden«. Im Jahre 1932 veröffentlicht Bergson noch das Buch »Les deux sources de la morale et de la religion« und zwei Jahre später den Sammelband »La pensée et le mouvant«. Schließlich noch

---

110 Über das Leben und Werk Ravaissons. In: Denken und schöpferisches Werden. Meisenheim 1948, S. 246–279.

ein Wort über Bergsons Tod. Zu Beginn des zweiten Weltkriegs hatten die deutschen Truppen Frankreich besetzt, und bald begannen dann auch die Judenverfolgungen durch die Nationalsozialisten unter der Mithilfe französischer Kollaborateure. Man wollte Bergson von der Verfolgung ausnehmen, aber dieser lehnte es ab, zum »Ehrenarier« erklärt zu werden. In Bergsons Testament heißt es zu diesem Thema: »Meine Überlegungen haben mich immer mehr in die Nähe des Katholizismus gebracht, in dem ich die vollkommene Verwirklichung des Judentums erblicke. Ich würde mich zum Katholizismus bekehrt haben, wenn ich nicht gesehen hätte, daß seit Jahren – zu einem großen Teil leider durch die Schuld einer gewissen Zahl gänzlich des Sinnes für Moral beraubter Juden – eine furchtbare Welle von Antisemitismus im Anzug ist, die die Welt überschwemmen wird. Ich habe bei denen bleiben wollen, die morgen verfolgt sein werden«[111]. Als die Nationalsozialisten forderten, daß alle Juden einen gelben Davidsstern an ihren Kleidern tragen mußten, hat Bergson sich beim stundenlangen Schlangestehen vor einer Ausgabestelle eine Lungenentzündung geholt, der er am 3. Januar 1941 erlag.

Zur deutschen Philosophie, insbesondere zu Kant, hatte Bergson wenig Beziehung, obwohl es über den Schelling-Schüler Ravaisson mittelbar Einflüsse aus der deutschen idealistischen Philosophie gegeben hatte. In Deutschland fanden sich zahlreiche Gegner der Bergsonschen Philosophie. Man warf ihr entweder die Plagiierung von Gedanken Schellings und Schopenhauers vor, oder man hielt die hohe Schätzung der Philosophie Bergsons bei einigen deutschen Philosophen für eine reine Modeangelegenheit, oder man lehnte sie (jedenfalls im Zeitalter des Nationalsozialismus) als Ausdruck artfremden Denkens ab. Dennoch gingen von Bergsons Philosophie starke Wirkungen aus, u. a. auf Simmel, durch den Bergson in Deutschland bekannt wurde, auf Klages, Spengler, Keyserling und, freilich nicht zugegebene, auf Heidegger.

I.

In seiner frühen Schrift »Les données immédiates de la conscience« versucht Bergson, eine Metaphysik auf der Grundlage der Psycho-

[111] F. Delattre: Les dernières années d'Henri Bergson. In: Revue philosophique 67 (1941), S. 136.

logie zu errichten. Der Titel der deutschen Übersetzung, »Zeit und Freiheit«, läßt diese metaphysische Intention recht gut erkennen[112]. Schon Bergsons Vorwort macht deutlich, daß es letztlich um eine Metaphysik der Freiheit geht:

»Wir haben unter den Problemen das gewählt, das der Metaphysik und der Psychologie gemeinsam ist: das Problem der Freiheit. Wir versuchen nachzuweisen, daß jede Erörterung zwischen den Deterministen und ihren Gegnern eine vorangegangene Vermengung der Dauer (durée) mit der Ausdehnung, der Sukzession mit der Gleichzeitigkeit, der Qualität mit der Quantität in sich begreift: mit Aufhebung dieser Vermengung würden aber vielleicht die Einwände gegen die Freiheit, ihre Definitionen und in gewissem Sinne das Problem der Freiheit selbst verschwinden. Dieser Nachweis ist der Gegenstand des dritten Teils unserer Arbeit; die beiden ersten Kapitel, in denen die Begriffe der Intensität und der Dauer einer Untersuchung unterzogen werden, sollen dem dritten Kapitel als Einführung dienen«[113].

Das bedeutet also: Thema der Arbeit ist die Freiheit. Die Untersuchung geht in drei Schritten vor: das erste Kapitel behandelt den Begriff der Intensität, das zweite den Begriff der Dauer, das dritte schließlich den der Freiheit. Der volle Titel des ersten Kapitels lautet: »De l'intensité des états psychologiques«. Deutsche Übersetzung: »Von der Intensität der psychologischen (besser: psychischen) Zustände«. Bergson geht hier von einer Voraussetzung aus, die das alltägliche Denken und auch die wissenschaftliche Psychologie des ausgehenden 19. Jahrhunderts machte: daß nämlich die Bewußtseinszustände von verschiedener Intensität seien und daß man diese Intensität messen könne:

»Man nimmt gewöhnlich an, daß die Bewußtseinszustände: Empfindungen, Gefühle, Affekte und Willensanstrengungen zu- und abnehmen können; einige versichern uns sogar, daß eine Empfindung zwei-, drei-, viermal so intensiv genannt werden kann als eine andere Empfindung von gleicher Natur. Wir werden diese letzte Behauptung, die die These der Psychophysiker ist, später untersuchen; selbst die Gegner der Psychophysik aber sehen nichts Unrichtiges darin, von einer Empfindung, von einer Willensanstrengung, die größer sei als eine andere Willensanstrengung, und auf diese Weise zwischen rein inneren Zuständen quantitative Unterscheidungen aufzustellen. Der gemeine Verstand erklärt sich übrigens ohne die geringste Bedenklichkeit über diesen Punkt: man sagt, es sei einem mehr oder weni-

[112] Wir zitieren Bergson nach den deutschen Übersetzungen bei Diederichs, Jena.
[113] Zeit und Freiheit. Jena 1911, S. 5.

ger warm, man sei mehr oder weniger betrübt, und diese Unterscheidung von mehr oder weniger nimmt niemanden Wunder, auch wenn man sie ins Gebiet subjektiver Tatsachen und unausgedehnter Dinge hinein fortsetzt. Hier liegt indessen ein sehr dunkler Punkt und ein Problem von größerer Tragweite, als man sich allgemein vorstellt«[114].

Nach diesen einleitenden Sätzen seiner Schrift geht Bergson nun auf das Problem selber ein. Man darf nämlich nach Bergson im Bereich des Räumlichen zwar durchaus von Quantitäten, von Mehr und Weniger sprechen, nicht aber im Bereich des Zeitlichen. Im Raum gibt es extensive Größen, im Bereich des Zeitlichen aber nur Intensität. Eine intensive Empfindung kann nicht eine weniger intensive Empfindung in sich enthalten (wie im Räumlichen der größere Raum den kleineren in sich enthält, wie die größere Zahl die kleinere Zahl in sich enthält). Bergson untersucht in der Folge die verschiedensten Möglichkeiten, die Vorstellung einer meßbaren Intensität der Empfindungen zu retten, und widerlegt in z. T. sehr komplizierten Untersuchungen jede einzelne von ihnen. Ich muß das hier übergehen. Das Ergebnis ist, daß es sich bei den scheinbar quantitativen Intensitätsunterschieden in Wirklichkeit um eine Verschiedenheit in der Qualität der Gefühle handelt. Eine intensive Trauer erscheint dadurch als intensiver als eine andere Trauer, weil andere Gefühlsqualitäten hinzugetreten sind. Selbst bei Muskelanstrengungen liegt keine quantitative Steigerung der Empfindung vor, vielmehr verändert sich lediglich die Qualität der Empfindung, indem andere Muskelgruppen hinzutreten. Die Empfindung einer Intensität ist also in Wirklichkeit die Empfindung einer Qualität. Dies zum ersten Kapitel bei Bergson.

Im zweiten Kapitel geht es um den Begriff der Dauer, der »durée«. Es ist überschrieben: »De la multiplicité des états de conscience. L'idée de durée«, d.h. »Von der Mannigfaltigkeit der Bewußtseinszustände. Die Vorstellung der Dauer«. Der Begriff der Dauer ist nicht ganz dem entsprechend, was Bergson mit ihm meint. Wir haben aber im Deutschen offenbar kein besseres Wort für das Gemeinte. Abgesehen davon, kann auch das französische Wort »durée« nicht genau das wiedergeben, was Bergson mit ihm zum Ausdruck bringen will. Aber sehen wir zu! Zu Beginn des Kapitels untersucht Bergson den Begriff der Zahl. Die Zahl wird definiert als eine Ansammlung von Einheiten (collection d'unités). Jede Zahlvorstellung aber ist mit einer Raumvorstellung verbunden. Wenn ich eine Herde von fünfzig Scha-

[114] A. a. O., S. 8.

fen zähle, dann sehe ich sie im Raum vor mir und reihe sie im Geist nebeneinander auf, von ihrer individuellen Verschiedenheit absehend. Das gilt mit einer gewissen Veränderung auch, wenn ich so zähle, daß ich mir dasselbe Schaf fünfzigmal vorstelle. Bei materiellen Dingen wird daher jeder ohne weiteres zugestehen, daß mit der Zahlvorstellung eine Raumvorstellung verbunden ist. Das Zählen selbst ist dann ein diskontinuierlicher Vorgang, d.h. bei Zählen schreiten wir ruckweise von einer Einheit zur anderen fort, indem wir die Zahlen als Teile in einem gegebenen Raum auffassen. Die Zahlen »sind somit Teile des Raumes, und der Raum ist der Stoff, mit dem der Geist die Zahl konstruiert, er ist das Medium, in das der Geist die Zahl verlegt«[115].

Es gibt aber zwei Arten der Mannigfaltigkeit, der Vielfältigkeit (multiplicité). Die eine zeigt sich bei den materiellen Dingen, die räumlich lokalisierbar und dadurch zählbar sind. Anders ist es dagegen bei einer zweiten Art der Vielfalt, den psychischen Vorgängen, den Bewußtseinszuständen. Diese können im Grunde überhaupt nicht gezählt werden oder doch nur so, daß man sie gewissermaßen in den Raum verlegt: etwa beim Geräusch von Schritten oder bei Glockenschlägen, die man zählen kann.

Daraus ergibt sich nun für Bergson eine für seine Theorie sehr wichtige Überlegung: »Wenn wir genötigt sind, die Bewußtseinszustände, um sie zu zählen, symbolisch im Räume vorzustellen, ist es dann nicht wahrscheinlich, daß diese symbolische Vorstellung die normalen Bedingungen der Wahrnehmung modifiziert?«[116]. Mit anderen Worten: Verfälscht nicht das Zählen psychischer Zustände ihre Gegebenheit im Bewußtsein, weil sie ja durch das Zählen verräumlicht werden? Die psychischen Zustände sind eben wesenhaft nicht räumlich, sondern zeitlich bestimmt. Dennoch fassen wir sie irrigerweise oft in Analogie zum Raum auf. Der Raum ist homogen, die Zeit aber nicht. Das bleibt aber gewöhnlich unbeachtet. »Achten wir nun darauf, daß wir, wenn wir von der Zeit sprechen, meistenteils an ein homogenes Medium denken, worin unsere Bewußtseinsvorgänge sich aufreihen, sich nebeneinander ordnen wie im Raume und schließlich dahin gelangen, eine wohlunterschiedene Mannigfaltigkeit zu bilden«[117]. Der Raum ist im Gegensatz zur Zeit durch Homo-

---

115 A. a. O.,S. 73.
116 A. a. O., S. 77.
117 A. a. O., S. 77 f.

genität und Abwesenheit von Qualität charakterisiert[118]. Umgekehrt scheint es Bergson zuzutreffen, daß jedes homogene und unbegrenzte Medium Raum sein müsse. Wer daher mit Kant die Zeit als etwas Homogenes und Unbegrenztes ansieht, macht die Zeit zum Raum. So fragt sich daher Bergson, »ob die Zeit als homogenes Medium nicht am Ende ein Bastardbegriff ist, der seinen Ursprung dem Eindringen der Raumvorstellung ins Gebiet des reinen Bewußtseins verdankt«[119]. Für die als räumlich und homogen aufgefaßte Zeit behält Bergson die Bezeichnung ›Zeit‹ bei. Die im Bewußtsein erlebte Zeit dagegen nennt er nicht mehr ›Zeit‹, sondern ›Dauer‹. Im Gegensatz zur räumlich aufgefaßten und dadurch quantitativ bestimmten Zeit ist die Dauer »eine Sukzession qualitativer Veränderungen«, »die miteinander verschmelzen, sich durchdringen, keine präzisen Umrisse besitzen, nicht die Tendenz haben, sich im Verhältnis zueinander zu exteriorisieren und mit der Zahl nicht die geringste Verwandtschaft aufweisen«[120]. Die Dauer ist im Gegensatz zur verräumlichten Zeit etwas Heterogenes.

Bergson weiß allerdings auch, daß es nicht leicht ist, sich unter seinem Begriff der Dauer etwas vorzustellen: »Es fällt uns aber unglaublich schwer, uns die Dauer in ihrer ursprünglichen Reinheit vorzustellen; und das kommt wohl daher, daß nicht allein wir dauern: die äußeren Dinge, so scheint es, dauern gleich uns, und die Zeit gewinnt von diesem Gesichtspunkt aus gesehen ganz das Aussehen eines homogenen Mediums«[121]. Die erlebte Zeit im Bewußtsein, die Dauer, ist nämlich gleichzeitig mit der äußeren Wirklichkeit, die den Blick auf die reine Dauer verstellt:

»Es gibt einen realen Raum ohne Dauer, wo aber Phänomene simultan mit unseren Bewußtseinszuständen auftreten und verschwinden. Es gibt eine wirkliche Dauer, deren heterogene Momente sich gegenseitig durchdringen, vor der aber jeder Moment einem Zustand der äußeren Welt, der zur selben Zeit mit ihm eintritt, angenähert werden und von den anderen Momenten eben durch diese Annäherung abgetrennt werden kann. Aus der Vergleichung dieser beiden Realitäten entsteht eine dem Raum entlehnte symbolische Vorstellung von der Dauer. Diese nimmt so die illusorische Form eines homogenen Mediums an, und das Verbindende zwischen den

118 A. a. O., S. 83.
119 A. a. O., S. 84.
120 A. a. O., S. 88.
121 A. a. O., S. 91.

beiden Begriffen des Raumes und der Zeit ist die Simultaneität, die man als den Schnittpunkt der Zeit mit dem Raum definieren könnte«[122]

Die Gleichzeitigkeit, die Simultaneität, in der wir die erlebte Zeit mit der räumlichen Realität erfahren, hindert uns also daran, die Eigenart der erlebten Zeit zu verstehen. Dennoch hat der menschliche Geist die Möglichkeit, die erlebte Zeit in ihrer Reinheit als Dauer zu erfahren. Es gibt nämlich zwei verschiedene menschliche Erkenntniskräfte: die eine erfaßt den Raum, die andere die Dauer, die eigentliche Zeit. Den Raum erfaßt der Verstand, die Dauer wird von der »Intuition« erfaßt (von diesem Begriff wird gleich noch die Rede sein). Diese beiden Erkenntniskräfte bewirken, daß es in unserem Bewußtsein zwei Arten von Mannigfaltigkeit gibt: eine quantitative Mannigfaltigkeit, nämlich die des Raumes und der verräumlichten Zeit, und eine qualitative, nämlich die der eigentlichen Zeit, der Dauer. Im menschlichen Bewußtsein also unterscheidet Bergson zwei Schichten: eine oberflächliche Schicht, die räumlich denkt, und eine tiefe Schicht, welche die Dauer erfaßt. Dementsprechend gibt es ein »tiefes Ich« (moi profond) und ein »oberflächliches Ich« (moi superficiel). Diese beiden Stufen des Ich bilden zwar nur eine einzige Person, da aber das sich vom Raum her verstehende oberflächliche Ich »sich für die Bedürfnisse des sozialen Lebens im allgemeinen und der Sprache im besonderen unendlich besser eignet, zieht das Bewußtsein dieses Ich vor und verliert das fundamentale Ich allmählich aus dem Augen«[123].

Das zweite Kapitel der Schrift mit dem Begriff der Dauer hat die stärkste Beachtung lebensphilosophischer Denker gefunden. Das dritte und letzte Kapitel geht dann auf das Thema der Freiheit ein. Es trägt die Überschrift: »De l'organisation des états de conscience. La liberté.« Zu deutsch: »Von der Organisation der Bewußtseinszustände. Die Freiheit«. In diesem Kapitel will Bergson zeigen, daß das Problem von Freiheit und Kausalität beim Menschen nur deshalb ein Problem ist, weil man gemeinhin an die Stelle des tiefen Ich, d. h. des wirklichen, konkreten Ich, das oberflächliche Ich gesetzt hat, d. h. ein Ich, das lediglich die symbolische Vorstellung des wahren Ich, des tiefen Ich ist. In Wirklichkeit ist daher das Problem der Freiheit gar kein philosophisches Problem. Es ist aus einem Mißverständnis hervorgegangen, nämlich der Verwechslung von Sukzession und Simul-

---

[122] A. a. O., S. 93.
[123] A. a. O., S. 107. Vgl. auch S. 104, 108 und 116.

taneität, von Dauer und Ausdehnung, von Qualität und Quantität entsprungen[124].

Der Gegenbegriff zum Begriff der Freiheit ist der des »Determinismus«, d.h. der Gedanke, daß alle menschlichen Handlungen kausal bestimmt seien (entweder von den physiologischen Vorgängen im Gehirn oder von den psychologischen der Assoziationsgesetze: bei einer Willensentscheidung setze sich die stärkste Assoziation durch). Die Vorgänge in der Außenwelt sind in der Tat determiniert. Das Ich aber ist frei. Daß dies oft verkannt wird, liegt daran, daß man das oberflächliche Ich für das tiefe Ich hält. Bergson erklärt das folgendermaßen: »wir leben mehr für die äußere Welt als für uns; ... wir ›werden mehr gehandelt‹ als daß wir handeln. Frei handeln heißt: von sich selbst Besitz ergreifen, sich in die reine Dauer zurückversetzen«[125].

II.

Die soeben besprochene Schrift Bergsons, seine Hauptthese für das Doktorat, hat den Grund gelegt für die weitere Entwicklung der Bergsonschen Philosophie: den Begriffen der Dauer und der Intuition werden wir immer wieder begegnen. Für die Geschichte der Lebensphilosophie ist die Schrift »L'évolution créatrice« aus dem Jahre 1907 von besonderer Bedeutung, weil hier der Begriff des Lebens ins Zentrum der Betrachtung tritt und auch der Begriff »Philosophie des Lebens« ausdrücklich benutzt wird. Eine deutsche Übersetzung der Schrift erschien fünf Jahre später unter dem Titel: »Schöpferische Entwicklung«[126]. Ich gebe im folgenden einen kurzen Überblick über einige ihrer Hauptgedanken.

Im ersten Kapitel erläutert Bergson, wie er den Begriff des Lebens aufgefaßt haben will: »De l'évolution de la vie. Mécanisme et finalité«. Gegen die naturwissenschaftlichen Evolutionstheorien Darwins und Herbert Spencers betont Bergson, daß das Leben gänzlich anders betrachtet werden müsse als die tote Materie. Die Wissenschaft von ihr liefert mechanische und finale Erklärungen. Dieser naturwissenschaftlichen Erklärungsweise stellt Bergson die philosophische Deutung entgegen. So spricht er von der »Philosophie des

---

124 A.a.O., S. 197.
125 A.a.O., S. 191.
126 Jena 1912.

Lebens, der wir uns zubewegen. Sie erhebt den Anspruch, Finalismus und Mechanismus gleichermaßen hinter sich zu lassen«[127] (»la philosophie de la vie où nous nous acheminons. Elle prétend dépasser à la fois le mécanisme et le finalisme«). So gibt es bei Bergson eine scharfe Unterscheidung zwischen den Naturwissenschaften und der Philosophie, zwischen der naturwissenschaftlichen und der philosophischen Betrachtungsweise der Natur und insbesondere des Lebens. »Das Organische ist wissenschaftlich nur erforschbar, wenn der Organismus zuvor einer Maschine angeglichen worden ist … Das ist der Gesichtspunkt der Wissenschaft. Ein durch und durch anderer ist nach unserer Meinung der der Philosophie«[128]. Die philosophische Betrachtung erfaßt das Organische, ohne es vorher zu mechanisieren.

Das Lebendige wird in seinen verschiedenen Formen durch den »élan vital« hervorgetrieben, den »Lebensschwung«, die »Lebensenergie« oder die »Lebenskraft«. Der »élan vital« treibt die Entwicklung der Lebewesen bis hin zum Menschen weiter. Die vom »élan vital« getragene Evolution der Lebewesen läßt sich jedoch nicht vorherbestimmen. Daher verfehlen sowohl die mechanistischen Erklärungsversuche das Wesen des Lebendigen (weil sie es als ein für allemal bestimmt ansehen) als auch die finalistischen oder teleologischen (weil sich die Evolution eben nicht nach einem vorher festliegenden Plan entwickelt).

In den folgenden Kapiteln geht es dann um das Problem der Erkenntnis des »élan vital«. Ich berichte hier nur über einen einzigen Gedanken: die Unterscheidung zwischen den Leistungen des Intellekts und den Leistungen der Intuition. Es handelt sich bei dieser Unterscheidung um ein für Bergsons Philosophie zentrales Thema. Er will ja, wie er schon in der Einleitung seines Buches zum Ausdruck gebracht hat, eine Theorie des Lebens geben, die im Zusammenhang steht mit einer Theorie des Erkennens. Grundsätzlich unterscheidet Bergson drei allgemeine Erkenntnisweisen: die instinktive, die intellekthafte und die intuitive. Der Instinkt stellt eine Erkenntnisweise dar, die ganz dem Leben zugewandt ist. Tiere erkennen instinktiv, auch der Mensch hat ein instinktives Erkennen. Es ist ein Erkennen durch inneres Mitfühlen mit dem Erkannten, ein sympathetisches Erkennen. Der Instinkt ist aber an bestimmte Bedürfnisse der Lebe-

---

[127] Schöpferische Entwicklung, S. 56.
[128] A. a. O., S. 99.

wesen gebunden, er ist eigennützig im Blick auf das eigene Leben und die Lebensbedürfnisse.

Anders erkennt der Intellekt oder die Intelligenz, wie Bergson im Französischen sagt: »l'intelligence«. Ihn mit dem Instinkt vergleichend, schreibt Bergson: »Denn ... der Intellekt und der Instinkt sind zwei entgegengesetzten Richtungen zugewandt, der eine der toten Materie, der andere dem Leben«[129]. Der Intellekt besitzt eine »natürliche Verständnislosigkeit für das Leben«[130], eine »incompréhension naturelle de la vie«. Dafür aber ist er besonders dafür geeignet, die Materie aufzufassen. Bergson versteht das so, »daß beide, Intellekt und Materie, sich einander mehr und mehr angepaßt haben, um endlich bei einer gemeinsamen Form haltzumachen«[131].

Es gibt aber noch eine dritte Erkenntnisweise: die intuitive. Sie gleicht zunächst der Erkenntnisweise des Instinkts, insofern sie sich auf das Leben bezieht. Sie gleicht aber auch dem Intellekt, insofern dieser nicht unmittelbar im Dienst der Lebensbedürfnisse steht. Der Intellekt erfaßt die Dinge gewissermaßen von außen. »In das Innere des Lebens aber würde uns die Intuition führen, das heißt der uneigennützig gewordene Instinkt, der seiner selbst bewußte und über seinen Gegenstand zu reflektieren und ihn unendlich zu erweitern fähige«[132].

Eine Erkenntnistheorie darf sich nicht nur auf den Intellekt beziehen. Für die Philosophie, insbesondere für die Metaphysik, ist die Intuition genauso wichtig, wenn nicht sogar wichtiger. Beide Erkenntniskräfte arbeiten in der Philosophie zusammen. Die Intuition liefert den Grund, der Intellekt bearbeitet das von der Intuition Aufgeschlossene mit seinen Begriffen und seiner Logik, seiner Dialektik. Bei Bergson finden wir dazu noch Näheres:

»Die Dialektik ist notwendig zur Nachprüfung der Intuition, notwendig auch, damit die Intuition sich in Begriffen breche und anderen Menschen sich mitteile; sehr oft aber ist sie nichts als die Entwicklung des Ergebnisses dieser Intuition, welche (Entwicklung) über sie hinausschwillt. In Wahrheit haben die beiden Verhaltensweisen entgegengesetzten Sinn: dieselbe Anstrengung, vermöge deren Begriff mit Begriff verknüpft wird, läßt die Intuition, die sich in diesen Begriffen aufspeichern sollte, erlöschen. Kaum

129 A.a.O., S. 177.
130 A.a.O., S. 170.
131 A.a.O., S. 210f.
132 A.a.O., S. 181.

daß er ihren Impuls erfahren hat, muß der Philosoph die Intuition verlassen, muß nun, um ihre Bewegung weiterzuführen, Begriff an Begriff drängend, auf sich selbst vertrauen. Nur zu bald indes spürt er, daß er den Boden unter den Füßen verloren hat; ein erneuter Kontakt wird notwendig, und der größte Teil dessen, was er hervorgebracht hat, muß getilgt werden. Mit einem Wort also: die Dialektik ist es, welche die Übereinstimmung unseres Denkens mit sich selbst gewährleistet. Nur daß innerhalb der Dialektik – die ein bloßes Nachlassen der Intuition ist – sehr viele verschiedene Übereinstimmungen möglich sind und daß es dennoch nur eine einzige Wahrheit gibt«[133].

Zu diesem Text einige Anmerkungen. Zunächst wird die allgemeine Leistung des Intellekts und der Dialektik gewürdigt. Das in der Intuition Erfahrene liegt ja jenseits der Worte und Begriffe. Wir fühlen uns aber nur sicher, wenn wir etwas Erfahrenes in den Bereich der Sprache und des Denkens übertragen haben. Insofern kann die Dialektik die Intuition kontrollieren. Die Dialektik leistet aber noch mehr. Durch sie kann das in der Intuition Erfahrene sich ferner »in Begriffen brechen«, d.h. daß die Intuition etwas Einheitliches darstellt, das dann in die Vielheit der Begriffe aufgeteilt wird (wie der einfarbige Lichtstrahl sich im Prisma in das vielfarbige Spektrum zwischen Blau über Grün und Gelb und Rot bricht). Drittens eröffnet sich durch die Begrifflichkeit des Intellekts die Möglichkeit, das in der Intuition Gegebene anderen Menschen mitzuteilen. Eine vierte Leistung des Intellekts erwähnt Bergson kurz darauf, indem er davon spricht, daß der Intellekt mit seinen Begriffen das in der Intuition Begegnete festhalten und aufbewahren will, »aufspeichern« (emmaganiser: eig. magazinieren). Das alles erinnert an das, was der junge Nietzsche von dem in der mystischen Intuition Erfahrenen und seinem Ausdruck in dem Satz »alles ist eins« sagt: die Dialektik sei zwar ein gänzlich unzureichendes Mittel, das Erschaute festzuhalten und mitzuteilen, aber eben das einzige Mittel.

Bergson geht aber in seiner psychologischen Betrachtungsweise noch ein Stück weiter. Intellekt und Intuition stehen nicht nur in einer gegenseitigen Beziehung, sondern sie verdrängen sich gewissermaßen auch gegenseitig. Wenn die Begriff mit Begriff verknüpfende Tätigkeit des Intellekts einsetzt, verschwindet die Intuition. Der Philosophierende verläßt dann die Intuition und muß nun, wie es bei Bergson heißt, »auf sich selbst vertrauen« (se fier à lui-même). Darin

[133] A.a.O., S. 242f.

liegt einerseits, daß das dialektische Denken Sache des Philosophen selbst ist. Was er dabei tut, ist seine eigene Leistung. Das bedeutet andererseits, daß das in der Intuition ihm Aufgehende nicht von ihm selbst abhängt, daß es etwas ihm Gegebenes, Geschenktes ist. Wenn aber nun das dialektische Denken auf die Intuition zugeht, verliert es diese zugleich sehr schnell aus den Augen. Der Philosophierende muß erneut versuchen, in das intuitive Denken einzutreten. Gelingt es ihm, so entdeckt er bald, daß das von ihm vorher Festgestellte ganz unzureichend war und ein neuer Versuch begrifflicher Erfassung unternommen werden muß. Es gibt viele Weisen, das in der Intuition dem Bewußtsein Offenbarte auszudrücken, aber nur eine einzige in der Intuition liegende Wahrheit.

Im Blick auf diese eine Wahrheit der Intuition und die vielfachen Möglichkeiten, sich ihr durch das dialektische Denken anzunähern, fährt Bergson dann fort: »Die Intuition dagegen – wenn anders sie sich über mehr als Augenblicke zu erstrecken vermöchte – würde nicht nur die Übereinstimmung des Philosophen mit seinem eigenen Denken, sondern auch die aller Philosophen untereinander gewährleisten. Und selbst noch, wie sie existiert, flüchtig und schemenhaft, vertritt sie in jedem System das, was wertvoller ist als das System: dasjenige, was das System überlebt. Das Ziel der Philosophie wäre erreicht, wenn diese Intuition sich verallgemeinern und vor allem sich äußerer Anhaltspunkte versichern könnte, um sich nicht zu verirren«[134]. Das entspricht dem, was Nietzsche mit dem Satz meinte, alle Philosophen stimmten darin überein, daß sie sich auf den gemeinsamen Grund der Intuition der Einheit des Seienden bezögen.

III.

Den Begriff der Intuition und seinen Zusammenhang mit dem Begriff der Dauer hat Bergson besonders eingehend und ausführlich in einem Vortrag auf dem Philosophenkongreß zu Bologna am 10. April 1911 dargelegt[135]. Der Vortrag wurde dann aufgenommen in den Sammelband: »La pensée et le mouvant« (1934). Eine deutsche Übersetzung dieses Bandes haben unter dem Titel »Denken und schöpfe-

---

[134] A. a. O., S. 242 f.

[135] Atti del IV congresso internazionale di filosofia I 174–192. Auch in: Revue de métaphysique et de morale 19 (1911), S. 809–827.

risches Werden« F. und L. Kottje herausgebracht[136]. Auf Bergsons sehr wichtigen Vortrag möchte ich etwas näher eingehen. Er hat die Überschrift: »Die philosophische Intuition«.

Bergson beginnt mit der Feststellung, es gebe Anzeichen dafür, daß die Metaphysik auf dem Wege sei, einfacher und lebensnäher zu werden. Das entspreche ja auch dem Wesen des menschlichen Geistes und dem Wesen der Philosophie: »Denn man darf über der Kompliziertheit des gelehrten Denkens die Einfachheit des Geistes nicht gänzlich aus dem Augen verlieren. Wenn man sich an die einmal formulierten Lehren hält, ... so läuft man Gefahr, die wesenhafte Spontaneität im philosophischen Denken nicht mehr zu bemerken«[137]. Der Einfachheit des philosophischen Denkens steht so die Kompliziertheit des einzelwissenschaftlichen Denkens gegenüber. Hier erscheint schon gleich der Gegensatz zwischen der Philosophie und den Einzelwissenschaften. Dieser Gegensatz wird im weiteren Gang des Vortrags immer deutlicher.

Zwar erscheinen auch philosophische Theorien oft als recht kompliziert. Wer aber näher zusieht, bemerkt hinter dieser Kompliziertheit oft eine ganz einfache, ihr zugrundeliegende Intuition. Je tiefer man mit seinem Verständnis in ein philosophisches System eindringe, desto einfacher erscheine der ihm zugrundeliegende Gedanke. Die Kompliziertheit philosophischer Lehren ergibt sich nach Bergson nur daraus, daß unsere Ausdruckmittel unzulänglich sind, die Einfachheit der grundlegenden Intuition wiederzugeben[138].

An der grundlegenden philosophischen Intuition unterscheidet Bergson nun drei Eigenschaften. Die erste besteht darin, daß die Intuition sich zuerst in einer Negation bemerkbar macht: »Ist es nicht augenfällig, daß der erste Schritt eines Philosophen, solange sein Denken noch unsicher ist und er noch zu keiner abschließenden Lehre gelangt ist, darin besteht, daß er gewisse Dinge endgültig verwirft? Er kann später vielleicht seinen Aussagen eine ganz neue Fassung geben; er wird aber kaum in dem schwanken, was er ein für allemal ablehnt«[139]. In dem Nein, mit dem ein Philosophierender beginnt, liegt aber schon ein, wenn auch oft nur unbewußtes Ja, ein dunkles Wissen des Wahren. Ein solches Wissen ist die Intuition.

---

136 Meisenheim 1948, S. 126–148. Wir zitieren nach dieser Ausgabe.
137 A. a. O., S. 126.
138 A. a. O., S. 128.
139 A. a. O., S. 129.

Als zweites Moment der philosophischen Intuition hebt Bergson ihre Ungeschichtlichkeit hervor. Zwar sind die Probleme, mit denen ein Denker sich auseinandersetzt, die Probleme seiner Epoche, und die Ausdrucksmittel, die er zur Lösung dieser Probleme benutzt, sind die Ausdrucksmittel seiner Epoche. »Aber es wäre ein sonderbarer Irrtum, wenn man das für ein aufbauendes Moment der Lehre nähme, was doch nur ein Ausdrucksmittel war«[140]. Charakteristisch für Bergson ist hier die klare Trennung zwischen der übergeschichtlichen Intuition des Philosophen und den geschichtlich bedingten Problemen und der geschichtlich bedingten Sprache der Problemlösungsversuche. Ein zweiter Irrtum hinsichtlich der These der Geschichtlichkeit des philosophischen Denkens besteht nach Bergson darin, daß man sich philosophische Lehren lediglich als Konsequenz früherer Lehren vorstellt: »Gewiß haben wir damit nicht ganz Unrecht, denn eine Philosophie gleicht mehr einem Organismus als einem Agglomerat ... Aber abgesehen davon, daß dieser neue Vergleich der Geschichte des Denkens eine größere Kontinuität zuschreibt, als ihr wirklich innewohnt, ist er auch insofern unpassend, als er unsere Aufmerksamkeit auf die äußere Komplikation des Systems und auf das richtet, was in seiner oberflächlichen Form ableitbar erscheint, anstatt die Neuheit und die Einfachheit des Grundes hervortreten zu lassen«[141]. Dieser einfache Grund ist die Intuition. Man sollte aus diesen Bemerkungen Bergsons die Konsequenz ziehen, daß wir bei der Interpretation einer philosophischen Lehre weniger auf die Einflüsse zu achten hätten, die andere Denker auf sie ausgeübt haben, als vielmehr auf die einer Lehre zugrundeliegende Intuition. Diese stellt sich Bergson offensichtlich als eine individuelle vor, die bei jedem Philosophen eine andere sein könnte: »Ein Philosoph, der dieses Namens würdig ist, hat im Grunde immer nur eine einzige Sache im Auge gehabt«[142]. Hinzuzufügen wäre allerdings, daß diese einzige Sache, von der ein Philosoph redet, letztlich bei allen Denkern, die als Philosophen bezeichnet zu werden verdienen, dieselbe ist (wie ja auch Nietzsche meinte, daß es in allen Philosophien um die Formulierung der in einer mystischen Intuition erfahrenen Einheit alles Seienden gehe).

Eine dritte Eigenschaft der Intuition verdeutlicht Bergson durch einen Vergleich von Philosophie und Wissenschaft. Dieses Thema

---

140 A. a. O., S. 130.
141 A. a. O., S. 130 f.
142 A. a. O., S. 131.

war ja schon zu Beginn des Vortrags angeschlagen worden. Bergson weist jetzt ausdrücklich die bis heute weitverbreitete Ansicht zurück, es sei Aufgabe der Philosophie, die Ergebnisse der Einzelwissenschaften zusammenzufassen. Diese Ansicht sei sowohl für die Einzelwissenschaften als auch für die Philosophie beleidigend. Der Einzelwissenschaftler bedarf ja wahrhaftig der Philosophie nicht, wenn es darum geht, die Ergebnisse seiner Forschungen zusammenzufassen, zu verallgemeinern oder ihre Methoden zu überprüfen. Es würde dem Einzelwissenschaftler ein schlechtes Zeugnis ausstellen, wenn man annehmen müßte, der Philosoph sei besser als er imstande, seine Ergebnisse zu überprüfen und auszuwerten[143]. Auf der anderen Seite würde eine Geringschätzung der Philosophie in der Vermutung liegen, der Philosoph verfolge dieselbe Richtung wie der Einzelwissenschaftler, beginne aber dort, wo das überprüfbare Wissen der Einzelwissenschaften aufhöre. Die Philosophie hätte dann nur noch den Bereich der bloßen Vermutungen, der Hypothesen oder der willkürlichen Erdichtungen[144]. Wege und Ziel der Philosophie sind jedoch völlig verschieden von den Wegen und Zielen der Einzelwissenschaften. Bergson erklärt diesen Unterschied mit dem Hinweis auf die Struktur der menschlichen Erfahrung: »Es gäbe keinen Raum für zwei Arten des Erkennens, einer philosophischen und einer wissenschaftlichen, wenn die Erfahrung sich uns nicht in zwei verschiedenen Aspekten darböte, einerseits in Form von Tatsachen, die sich äußerlich aneinanderreihen, die sich ungefähr messen lassen, kurz, die sich im Sinne einer distinkten Mannigfaltigkeit und Räumlichkeit entfalten, und auf der anderen Seite in der Form der gegenseitigen Durchdringung, die eine reine Dauer ist und sowohl dem Gesetz und dem Messen unzugänglich«[145]. Die Unterscheidung zwischen diesen beiden Erkenntnisarten führt wieder zu dem Grundgedanken der Bergsonschen Philosophie zurück: dem Gedanken der wesensmäßigen Verschiedenheit des räumlichen und des zeitlichen Erfahrens und Denkens (leider untersucht Bergson die Rolle der Geisteswissenschaften nicht weiter: er hat meist allein die Naturwissenschaften im Blick – wie ja auch das französische »science« zunächst nur die Naturwissenschaften meint). »In beiden Fällen bedeutet Erfahrung Bewußtsein, aber im ersten Falle entfaltet sich das Bewußtsein nach

---

143 A.a.O., S. 141f.
144 A.a.O., S. 142.
145 A.a.O., S. 143.

außen und veräußerlicht sich in Bezug auf sich selbst in demselben Maße, wie es äußere Dinge wahrnimmt; im anderen Falle geht dieses Bewußtsein in sich hinein, erfaßt sich selbst und vertieft sich«[146]. Indem das Bewußtsein aber in seine eigene Tiefe eindringt, erfaßt es die Wirklichkeit schlechthin: sich selbst, das Leben und die Materie. Denn »die Materie und das Leben, welche die Welt erfüllen, sind ebensosehr in uns; die Kräfte, die in allen Dingen wirken, fühlen wir auch in uns; welches auch immer das innerste Wesen des Seins und des Geschehens sein mag – wir gehören dazu«[147]. Daher kann der Philosoph zu Aussagen kommen, die die Welt als Ganzes betreffen, und zwar nicht dadurch, daß er nach außen in die Welt hinausblickt wie der Einzelwissenschaftler, sondern dadurch, daß er in sein eigenes Bewußtsein hineinblickt »Steigen wir also in unser eigenes Innere hinab: je tiefer der Punkt ist, zu dem wir vordringen, umso stärker wird die Kraft sein, die uns wieder an die Außenseite zurückbringt«[148]. Anders ausgedrückt, je näher wir dem Kern unseres Bewußtseins kommen, desto deutlicher wird uns die Erfahrung der Einheit des Seinsganzen. Von daher gelangt auch der Philosophierende zu allgemeinen und rationalen Aussagen, aber eben nicht durch Verallgemeinerung von Einzelerkenntnissen, denn »der Philosoph wird nicht allmählich zur Einheit geführt, sondern er geht davon aus«[149], nämlich durch die Intuition. Die allgemeinen Aussagen der Einzelwissenschaften kommen durch Zusammenfügen von Einzelerkenntnissen zustande, d.h. durch Synthese; die allgemeinen Aussagen der Philosophie aber entstehen durch Auseinanderlegung, durch Entfaltung einer Gesamterkenntnis, d.h. durch Analyse[150]. Noch ein weiterer Unterschied zwischen Philosophie und Einzelwissenschaft wird von Bergson hervorgehoben (er spielt später bei Scheler und in verschärfter Form bei Heidegger eine Rolle): er betrifft die Erkenntnisabsicht. Während der Einzelwissenschaftler danach trachtet, »die Wirklichkeit … der technischen Einwirkung des Menschen zu unterwerfen« und »die Natur zu überlisten in einer Haltung des Mißtrauens und der Kampfbereitschaft«, versteht der Philosoph die Natur als »Kameradin«. Bergson bringt das auf folgende Formel: »Die Richt-

[146] A.a.O., S. 143.
[147] A.a.O., S. 144.
[148] A.a.O.
[149] A.a.O.
[150] A.a.O.

schnur der Wissenschaft ist diejenige, die Bacon aufgestellt hat: gehorchen, um zu herrschen. Weder gehorcht der Philosoph, noch herrscht er: er sucht zu sympathisieren«[151]. Bergson scheint hier wieder nur an die Naturwissenschaften zu denken, wenn er von Wissenschaft (science) spricht. Je stärker aber in der Gegenwart die Tendenz hervortritt, sowohl die Geisteswissenschaften als auch die Philosophie den Naturwissenschaften anzugleichen, desto wichtiger wird die Bergsonsche Unterscheidung. Das Sympathisieren des Philosophen mit der Natur geschieht nun durch die Intuition, was Bergson in seiner »Einführung in die Metaphysik« schon 1903 betont hat. Die Intuition gilt ihm als »die Sympathie, durch die man sich in das Innere eines Gegenstandes versetzt, um mit dem, was er Einzigartiges und infolgedessen Unaussprechliches hat, zu koinzidieren«[152].

Wir haben diese drei Eigenschaften der philosophischen Intuition (Negation, Übergeschichtlichkeit, Gegensatz zur einzelwissenschaftlichen Sicht) etwas ausführlicher referiert, weil der Begriff der Intuition häufig bei Angriffen gegen die Lebensphilosophie den Anknüpfungspunkt gebildet hat. In Verbindung aber mit dem Gedanken der Dauer zeigt sich, daß die Intuition eine geistige Erfahrung ist, deren Gehalt freilich durch das rationale Denken niemals ganz ausgeschöpft werden kann.

Am Schluß seines Bologneser Vortrags greift Bergson den Gedanken wieder auf, mit dem er begonnen hatte: daß die Metaphysik in seiner Zeit wieder einfacher und lebensnäher zu werden versuche. Wenn man nun das Philosophieren als einen einfachen Akt auffasse, so werde man »dazu neigen, die Philosophie aus der Enge der Schulwissenschaft zu befreien, um sie dem Leben wieder anzunähern«[153]. Auch Bergson stellt also die Lebensphilosophie der Philosophie als »Schulwissenschaft«, der herrschenden akademischen Scholastik, gegenüber. Der Lebensbegriff Bergsons ist natürlich nicht im Sinne des Alltagslebens aufzufassen, in dem ja dieselbe Bevorzugung der räumlichen Zeitvorstellung vorliegt wie in den Wissenschaften. Die Metaphysik kann daher zum Leben wieder eine Beziehung gewinnen, wenn sie sich der unräumlichen Zeitauffassung zuwendet: der Dauer, die wir in der Intuition erfahren und zu der wir durch eine einfache

[151] A. a. O., S. 145.
[152] In: Denken und schöpferisches Werden, S. 183.
[153] A. a. O., S. 145.

Rückwendung aus der alltäglichen Denkeinstellung gelangen. Die Intuition ist nichts unserem Bewußtsein völlig Fremdes. Sie liegt immer schon in ihm bereit, wird aber aufgrund unseres auf die Außenwelt gerichteten Interesses meist nicht bemerkt. Das Wesentliche der Philosophie ist für Bergson nicht die Hegelsche »Anstrengung des Begriffs«, sondern die durch eine einfache Rückwendung innerhalb des gewöhnlichen Bewußtseins erreichbare Intuition der eigentlichen Zeit, der Dauer. Diese Intuition der Dauer hat Lebensbedeutung; sogar »unser alltägliches Leben wird davon erwärmt und erleuchtet«[154]. Die Lebenspraxis möchte das Lebendige beherrschen und sieht es daher als starr und tot an. Die intuitive Erkenntnis der Wirklichkeit, die sich mit dem Bewußtsein der Dauer verbindet, läßt uns das Leben lebendiger werden und froher. Noch einmal stellt Bergson die Philosophie in ihrem Gegensatz zur Wissenschaft dar: »Mit all ihren Anwendungen, die auf die Bequemlichkeit des Lebens hinzielen, verspricht uns die Wissenschaft Wohlleben und im höchsten Falle Genuß. Aber die Philosophie könnte uns die Freude geben«[155].

Am Schluß zweier ebenfalls im Jahre 1911 gehaltenen Vorträge »Die Wahrnehmung der Veränderung« (La perception du changement) heißt es: »Ich gebe übrigens zu, daß wir uns für gewöhnlich in diese verräumlichte Zeit versetzen. Wir haben kein Interesse daran, auf das ununterbrochene Rauschen unseres tieferen Lebens zu hören. Und dennoch ist hier die wahre Dauer«[156]. Und etwas später: »Je mehr wir uns in der Tat daran gewöhnen, alle Dinge ›sub specie durationis‹ wahrzunehmen, desto mehr versenken wir uns in die wahre Dauer. Und je mehr wir darin eintauchen, desto mehr versetzen wir uns wieder in die Richtung des allerdings transzendenten Prinzips, an dem wir teilhaben und dessen Ewigkeit nicht eine Ewigkeit der Unveränderlichkeit, sondern eine Ewigkeit des Lebens ist: wie könnten wir anders darin leben und uns bewegen? In ea vivimus et movemur et sumus«[157]. In diesem von Bergson für den Zusammenhang etwas veränderten Zitat aus der Areopagrede des Paulus[158] deutet sich an, daß die Intuition der Dauer für Bergson nicht nur den Charakter der Begegnung mit der Tiefe des Lebens und den Charak-

---

[154] A.a.O., S. 147.
[155] A.a.O., S. 148.
[156] A.a.O., S. 170.
[157] A.a.O., S. 179.
[158] Apg. 17, 28.

ter der Freude hatte, sondern zugleich, daß darin auch etwas Religiöses für Bergson lag. Aber der Begriff der Ewigkeit wird hier nicht im Sinne eines bleibenden Jetzt, eines »nunc stans« verstanden, sondern im Sinne einer Ewigkeit, die sich verändert und als veränderliche lebendig ist. Bergson erweist sich hier als typischer Lebensphilosoph, der das Seinshafte im Zeitfluß nicht sieht. Bergsons Lebensphilosophie reicht noch in den Bereich des Religiösen und des Mystischen hinein. Das möchte ich nun noch durch einige Bemerkungen zu Bergsons Theorie der Religion ein wenig konkretisieren.

IV.

Bergsons Philosophie findet sich in seiner letzten großen Schrift »Die beiden Quellen der Moral und der Religion« (Les deux sources de la morale et de la religion) aus dem Jahre 1932. Bergson unterscheidet in dieser Schrift, die gleichzeitig seine Ethik enthält, zwei Arten von Moral und zwei Arten von Religion, die jeweils auf dieselbe menschliche Grundsituation zurückgehen: auf den Unterschied zwischen dem Sozialen und dem Individuellen.

Das wird zunächst an der Moralität aufgewiesen. Die eine Art von Moralität ist wesenhaft sozial bestimmt. Sie leitet sich ab von den Forderungen der jeweiligen Gesellschaft. Eine solche Gesellschaft nennt Bergson eine »geschlossene Gesellschaft« (société close). Ihre Forderungen werden im allgemeinen ohne Problem erfüllt. Lediglich im Konfliktfall erscheinen sie dem Individuum als hart und als zu überwindende. Von dieser Gesellschaft schreibt Bergson: »Es ist die Gesellschaft, die dem Individuum das Programm seines tagtäglichen Daseins vorzeichnet. Man kann nicht mit der Familie leben, seinen Beruf ausüben, die tausend Anforderungen des täglichen Lebens erledigen, seine Einkäufe machen, spazieren gehen oder auch zu Hause bleiben, ohne Vorschriften zu gehorchen und sich Verpflichtungen zu fügen«[159]. Diese Vorschriften müssen nicht immer sinnvoll sein: entscheidend ist, daß sie eingehalten werden, und zwar innerhalb der betreffenden sozialen Gruppe. Solche Gesellschaften heißen »geschlossene Gesellschaften«, weil sie einen festumrissenen Kreis von Mitgliedern haben: z.B. die Nationen. Was außerhalb von ihnen

[159] A.a.O., S. 13f.

steht, gehört wieder zu einer anderen Gesellschaft mit wieder etwas oder auch sehr viel anderen moralischen Vorschriften.

Die zweite Art von Moralität ist weitaus schwerer zu beschreiben. Nicht der äußere Druck der Gesellschaft bewirkt hier das moralische Handeln, sondern der innere moralische Antrieb: und dieser besteht im wesentlichen in der Liebe. Während die erste Form der Moralität gewissermaßen statisch ist, da sie ja die Gesellschaft in ihrem jetzigen Zustand zusammenhalten und bewahren will, ist die zweite Art sozusagen dynamisch, ist ständig in Bewegung, in der Richtung, die die Liebe als ihre eigentliche Antriebskraft ihr zeigt. »Zwischen der ersten und der zweiten Ethik liegt also die ganze Kluft zwischen Ruhe und Bewegung. Die erste Ethik wird als unveränderlich angesehen (immuable: in der deutschen Übersetzung steht allerdings ›veränderlich‹) … Die andere dagegen ist ein Antrieb, eine Forderung nach Bewegung; sie ist Beweglichkeit im Prinzip«[160]. Als Beispiel für diese Form der Moralität nimmt Bergson gewöhnlich die Ethik einer »geschlossenen Gesellschaft«. Sie überschreitet alle geschlossenen sozialen Formen und bezieht sich auf die ganze Menschheit. Deshalb nennt Bergson die der zweiten Art der Moralität entsprechende Gesellschaft eine »offene Gesellschaft« (société ouverte). Jeder Mensch kann ihr Mitglied sein. Karl Popper hat die Begriffe »geschlossene Gesellschaft und »offene Gesellschaft« in seine Sozialtheorie übernommen. Im Idealfall wäre eine solche auf Liebe gegründete Gesellschaft als »mystisch« zu bezeichnen[161]. Diese zweite Art der Moralität unterscheidet sich von der ersten vor allem auch durch das mit ihr verbundene Lebensgefühl: »Wer regelmäßig die Moral des Gemeinwesens erfüllt, empfindet jenes Wohlbehagen, das dem Individuum und der Gesellschaft gemeinsam ist … Die Seele aber, die sich öffnet … gehört ganz der Freude. Vergnügen und Wohlbehagen sind schon etwas, aber die Freude ist mehr«[162]. Hinter der Verschiedenheit der beiden Moralformen aber steht etwas ihnen Gemeinsames: »denn ›gesellschaftlicher Druck‹ und ›Aufschwung der Liebe‹ sind nur zwei sich ergänzende Manifestationen des Lebens, die normalerweise dazu dienen, die gesellschaftliche Form, die von Anbeginn für die menschliche Art charakteristisch war, im großen und ganzen zu bewahren, die aber ausnahmsweise auch fähig ist, sie

160 A.a.O., S. 56.
161 A.a.O., S. 80.
162 A.a.O., S. 55.

zu verändern, dank gewisser Individuen, von denen jedes … eine Tat schöpferischer Entwicklung darstellt«[163].

Nun aber zur Religion. Auch hier unterscheidet Bergson zwei verschiedene Formen: die statische und die dynamische Religion. Der statischen Religion entspricht die Moral der »geschlossenen Gesellschaft«, denn sie ist die Religion einer bestimmten Gruppe, etwa eines bestimmten Volkes. Dagegen ist die dynamische Religion eine Universalreligion. Ziel der statischen Religion ist die Erhaltung und Stärkung des Individuums und der jeweiligen Gesellschaft. Diese Form der Religion ist eine Abwehrmaßnahme der Natur gegen das, was sich bei der Betätigung der Intelligenz an Niederdrückendem für das Individuum und an Auflösendem für die Gesellschaft ergeben könnte«[164]. Denn: »Die statische Religion macht den Menschen anhänglich an das Leben, und damit das Individuum an die Gesellschaft, indem es ihm Geschichten erzählt, ähnlich denen, mit denen man Kinder beruhigt«[165]. Gemeint sind die Mythen. Diese deuten die Wirklichkeit so, daß sie zugleich Anweisungen zum Handeln geben[166].

Unter der dynamischen Religion versteht Bergson die verschiedenen Formen der Mystik. Es geht hier nicht mehr um die Gesellschaft, sondern um das persönliche Verhältnis des Einzelnen zur Gottheit, ja um die Vereinigung beider. Dabei betont der französische Philosoph, daß eine vollkommene Mystik selten sei, daß es aber viele Vorformen und abgeschwächte Formen der Mystik gebe. Bei den Indern habe es zwar schon früh die Mystik der Upanischaden sowie die Mystik des Buddhismus und des Jainismus gegeben, aber der Inder sei ohnmächtig gegen die Natur gewesen, gegen Hunger und Krankheit. »In dieser Ohnmacht findet der Pessimismus des Hindu seinen wesentlichen Ursprung. Und dieser Pessimismus wiederum hat Indien gehindert, seine Mystik bis zu Ende zu fuhren, denn die vollkommene Mystik ist Handeln«[167]. Auch die griechische Mystik ist für Bergson noch keine vollkommene Mystik. Sie ist aus den Mysterienreligionen und dem Platonismus hervorgegangen und hat ihren Höhepunkt in Plotin erreicht. Aber für Bergson ist selbst bei Plotin

---

[163] A. a. O., S. 93 f.
[164] A. a. O., S. 203.
[165] A. a. O., S. 208, p. 225: bercer. Die Übersetzung der deutschen Ausgabe »einschläfert« ist mißverständlich.
[166] A. a. O.
[167] A. a. O., S. 224.

die Mystik noch nicht vollkommen: »Es war ihm vergönnt, das gelobte Land zu sehen, nicht aber, seinen Boden zu betreten. Er kam bis zur Ekstase, einem Zustand, da die Seele sich in der Gegenwart Gottes fühlt oder zu fühlen glaubt, da sie von seinem Licht erleuchtet ist; doch überschritt er diese Etappe nicht und kam nicht bis zu dem Punkt, wo die Schau in der Handlung versinkt und der menschliche Wille sich mit dem göttlichen Willen verbindet«[168]. Vollkommene Mystik findet Bergson nur im Christentum, weil sich bei diesem sowohl das mystische Erkennen als auch das sich aus diesem ergebende Handeln findet. »Für uns ist der Höhepunkt der Mystik eine Fühlungnahme, und damit ein teilweises Einswerden mit der schöpferischen Anstrengung, die vom Leben offenbart wird. Diese Anstrengung ist von Gott, wenn nicht geradezu Gott selbst. Der große Mystiker wäre demnach eine Individualität, die die Grenzen überschreitet, die der Spezies durch ihre Stofflichkeit gezogen sind, und so das göttliche Wirken fortsetzt und verlängert«[169]. Eine derartige Mystik findet Bergson nur bei christlichen Mystikern wie Paulus, Therese von Avila, Katharina von Siena, Franz von Assisi und merkwürdigerweise auch bei Jeanne d'Arc (deren Visionen nicht unbedingt als Mystik zu verstehen sind). Kern solcher schauenden und handelnden Mystik ist die Liebe. Zwar ist solche Mystik selten, doch hat im Grunde jeder Mensch eine mystische Veranlagung: »Wenn das Wort eines großen Mystikers oder eines seiner Nachfolger bei dem oder jenem unter uns ein Echo findet, ist es dann nicht so, daß in uns ein Mystiker wohnt, der nur schlummert und nur auf eine Gelegenheit wartet zu erwachen?«[170].

Wir werden noch sehen, daß die späteren Lebensphilosophen in der Mehrzahl ebenfalls die Bedeutung der Mystik hervorheben. Zum Schluß dieser Bemerkungen über Bergsons Buch zur Ethik und Religionsphilosophie sei noch auf ein weiteres Thema hingewiesen, das ebenfalls in diesem Buch kurz zur Sprache kommt und bei anderen Lebensphilosophen breiter erörtert wird: das Thema der Verschiedenheit der Geschlechter. Dazu hat Bergson eine interessante Stellungnahme abgegeben, die sich nur ganz am Rande bei ihm ergeben hatte: »Wir wollen uns gewiß nicht … in eine vergleichende Untersuchung über die beiden Geschlechter einlassen. Wir wollen uns damit begnü-

---

[168] A.a.O., S. 219.
[169] A.a.O., S. 235.
[170] A.a.O., S. 97.

gen zu sagen, daß die Frau ebenso intelligent ist wie der Mann, daß sie aber der Emotion weniger fähig ist, und wenn eine Kraft der Seele sich bei ihr geringer entwickelt zeigt, so ist es nicht die Intelligenz, sondern das Gefühlsleben. Es handelt sich wohlverstanden um das tiefe Gefühlsleben und nicht um die Bewegtheit der Oberfläche ... Der größte Fehler derer, die es für eine Herabwürdigung des Menschen halten würden, wenn sie die höchsten Fähigkeiten des Geistes an das Gefühlsleben knüpfen, ist dies, daß sie nicht sehen, wo eigentlich der Unterschied ist zwischen derjenigen Intelligenz, die versteht, diskutiert, annimmt oder verwirft, kurz sich an die Kritik hält, und derjenigen, die erfindet«[171].

Noch an einer anderen Stelle äußert sich Bergson zur Frauenfrage. Er kritisiert hier das »dauernde Anrufen der Sinnlichkeit mittels der Phantasie« in unserer Epoche, die insgesamt ein einziges Aphrodisiakum sei. Aber es werde eines Tages kein Vergnügen mehr sein, das Vergnügen so sehr zu lieben. Dann heißt es: »Die Frau wird das Anbrechen dieser Zeit in dem Maße beschleunigen, wie sie wirklich und aufrichtig den Wunsch haben wird, dem Manne gleichgestellt zu werden, statt, wie noch jetzt, das Instrument zu bleiben, das darauf wartet, unter dem Bogen des Musikers zu ertönen. Wenn diese Umwandlung erfolgt, wird unser Leben ernsthafter und gleichzeitig einfacher werden. Das, was die Frau an Luxus verlangt, um dem Manne zu gefallen und, durch Rückwirkung, sich selbst zu gefallen, wird zum großen Teil überflüssig werden. Es wird weniger Verschwendung geben und auch weniger Neid«[172].

---

171 A. a. O., S. 41.
172 A. a. O., S. 302.

3. Entfaltung

In den Jahren vor dem ersten Weltkrieg wurden die Gedanken Nietzsches, Diltheys und Bergsons von einer Reihe bemerkenswerter Denker aufgenommen und weitergeführt. Zu nennen sind hier vor allem Theodor Lessing, Georg Simmel, Ludwig Klages, Oswald Spengler, Graf Hermann Keyserling, José Ortega.

1. Georg Simmel

Der bedeutendste unter diesen ist wohl Georg Simmel. Er entstammt wie Bergson einer jüdischen Familie (und auch dieser Umstand sollte wieder von vornherein stutzig machen gegenüber der Behauptung von Lukács, die Lebensphilosophie habe den Nationalsozialismus vorbereitet oder sei gar ein Ausdruck des Nationalsozialismus). Die Vorfahren Simmels waren wohlhabende Kaufleute. Der Vater hatte in Berlin die Schokoladenfabrik »Sarotti« gegründet. Georg Simmel wurde 1859 in Berlin geboren, bestand in Berlin das Abitur, studierte dann an der Berliner Humboldt-Universität zunächst Geschichte, dann Völkerpsychologie, erst zuletzt Philosophie. Im Jahre 1881 wurde er mit einer Arbeit über Kant promoviert, drei Jahre später habilitierte er sich (nach Zurückweisung der ersten Probevorlesung) in Berlin. Dort lehrte er von 1885 bis 1900 als Privatdozent, seit 1901 als außerordentlicher Professor, übrigens mit außergewöhnlichem Publikumserfolg, 1914 wurde er endlich ordentlicher Professor in Straßburg. 1918 ist er dort gestorben. Das sieht nach einer typischen Gelehrtenlaufbahn aus, an der höchstens die lange Privatdozentenzeit und die lange Zeit bis zur Berufung auf einen philosophischen Lehrstuhl auffällt.

Aber schon an den von Simmel in seinen Vorlesungen und Veröffentlichungen behandelten Themen kann man erkennen, daß dieser Philosoph in seinem Denken ganz unakademisch war. Zunächst ging Simmel immer wieder auf soziologische Probleme ein. Er wird von einigen sogar als einer der Begründer der Soziologie als Wissenschaft angesehen. Sodann erörterte Simmel innerhalb der Philosophie Fragen, die bisher kein akademischer Philosoph bedacht hatte, z.B. Themen wie Mode, Großstadt, Koketterie, Landschaft, Soziologie der Mahlzeit, Philosophie der Geschlechter, ja Betrachtungen über das Wesen des Henkels oder der Tür. So galt er unter Kollegen als Außenseiter.

I.

Das lebensphilosophische Hauptwerk Simmels trägt den Titel »Lebensanschauung. Vier metaphysische Kapitel«. Es ist sein letztes Werk. Er vollendete es, als er schon von seinem nahe bevorstehenden Tod wußte. Anders als etwa Dilthey, anders auch als Nietzsche, verstand Simmel seine auf den Lebensgedanken gegründete Philosophie ausdrücklich als Metaphysik.

Simmel hatte sich aber eingehend mit Nietzsche und Bergson beschäftigt, über Nietzsche auch ein Buch geschrieben[1]. Aus den Jahren 1913/1914 stammt der Aufsatz »Henri Bergson«[2]. So knüpft die Simmelsche Lebensphilosophie an Schopenhauer, Nietzsche und Bergson an. Das zeigt sich schon in Simmels Zeitanalyse. Das gelebte Leben empfindet die Zeit »als ein in zeitlicher Ausdehnung Reales«[3]. Das bedeutet: »Die Zukunft liegt nicht vor uns wie ein unbetretenes Land, mit scharfer Grenzlinie von der Gegenwart geschieden, sondern wir leben dauernd in einem Grenzbezirk, der der Zukunft so angehört wie der Gegenwart«[4]. Die Gegenwart enthält durch das Gedächtnis immer ein Stück Vergangenheit in sich. »Solange man Vergangenheit, Gegenwart und Zukunft mit begrifflicher Schärfe trennt, ist die Zeit irreal, weil nur der zeitlich unausgedehnte, d.h. unzeitliche Gegenwartsmoment wirklich ist. Das Leben aber ist die eigentümliche Existenzart, für deren Tatsächlichkeit diese Scheidung nicht gilt ... Nur für das Leben ist die Zeit real«[5]. Simmel sieht die Zeit

[1] Schopenhauer und Nietzsche. Leipzig 1907.
[2] Enthalten in dem Band: Zur Philosophie der Kunst, S. 126ff.
[3] A.a.O., S. 8.
[4] A.a.O., S. 10.
[5] A.a.O., S. 11.

daher in einem engen Zusammenhang mit dem Leben, so daß er fortfahren kann: »Zeit ist ... das Leben unter Absehen von seinen Inhalten«[6]. Das Leben aber überschreitet den zeitfreien Punkt der Gegenwart sowohl in die Zukunft hinein als auch in die Vergangenheit zurück. Das Leben greift damit ständig über sich hinaus. Von daher gibt Simmel dann eine Definition des Lebens: »Dieses Hinausgreifen des aktuellen Lebens in dasjenige, was nicht seine Aktualität ist, so aber, daß dieses Hinausgreifen dennoch seine Aktualität ausmacht – ist also nichts, was zum Leben erst hinzukäme, sondern dieses, wie es in Wachstum und Zeugung und in den geistigen Prozessen sich vollzieht, ist das Wesen des Lebens selbst«[7].

Das Leben aber ist zugleich sowohl »grenzenlose Kontinuität« als auch »grenzbestimmtes Ich«. Der Lebensstrom fließt in den Individuen, sogar als diese Individuen (denn er fließt ja nicht außerhalb der Individuen). Das Individuum ist das Beharrende im Lebensstrom. »Daß das Leben absatzloses Fließen ist und zugleich ein in seinen Trägem und Inhalten geschlossenes, um Mittelpunkte Geformtes, Individualisiertes, und deshalb, in der anderen Richtung gesehen, eine immer begrenzte Gestaltung, die ihre Begrenztheit dauernd überschreitet, – das ist seine wesenbildende Konstitution«[8]. Anders ausgedrückt: das Leben ist die Einheit von Kontinuität und Individualität, d.h. ständiges Sich-über-Schreiten und sich immer erneuernde Gestaltwerdung.

Unter Berufung auf Schopenhauers »Wille zum Leben« und Nietzsches »Wille zur Macht« beschreibt Simmel dann das Leben als »Mehr-Leben« und »Mehr-als-Leben«. Den Begriff des »Mehr-Lebens« erläutert Simmel folgendermaßen: »Leben kann ... nur dadurch existieren, daß es Mehr-Leben ist; solange das Leben überhaupt besteht, erzeugt es Lebendiges, da schon die physiologische Selbsterhaltung fortwährende Neuerzeugung ist: das ist nicht eine Funktion, die es neben anderen übte, sondern indem es das tut, ist es eben Leben«[9]. Das Leben geht als Leben ständig über sich hinaus. Und Simmel fügt hinzu: »Vielleicht bedeutet die ganze Idee von der Unsterblichkeit des Menschen nur das akkumulierte, in ein einmaliges

---

6 A.a.O.
7 A.a.O., S. 12.
8 A.a.O., S. 13.
9 A.a.O., S. 20f.

ungeheures Symbol hineingesteigerte Gefühl für dieses Hinausgehen des Lebens über sich selbst«[10].

Das Leben geschieht aber nicht nur in der Tendenz zum Mehr-Leben, sondern als geistiges Leben auch in der Form des Mehr-als-Lebens. Das Leben des Geistes überschreitet das Leben auf etwas hin, was mehr als Leben ist. Das Leben erweist sich auf diese Weise als »das stetige Hinübergreifen des Subjekts in das ihm Fremde« oder als »das Erzeugen des ihm Fremden«[11]. »Wie das Transzendieren des Lebens über seine aktuell begrenzende Form hin innerhalb seiner eigenen Ebene das Mehr-Leben ist, … so ist sein Transzendieren in die Ebene der Sachgehalte, des logisch autonomen, nicht mehr vitalen Sinnes, das Mehr-als-Leben, das von ihm völlig unabtrennbar ist, das Wesen des geistigen Lebens selbst«[12]. Mit anderen Worten: Die Bewegung des Lebens geht nicht nur auf die Erneuerung seiner selbst hin, sondern zielt im Bereich des Geistigen auch auf etwas ab, was mehr ist als Leben. Diese Selbstübersteigung des Lebens aber geht nicht ins Formlose, sondern nimmt wieder Gestalt an, etwa in der Kunst, in der Religion, in der Moral.

Durch diese »Wendung zur Idee« unterscheidet sich Simmel wesentlich von Nietzsche und Bergson, da er immer wieder die Gegebenheiten der Kultur miteinbezieht. So erscheint bei Simmel die Kunst als der Versuch, Leben und Form in ein Verhältnis zu bringen, wobei manchmal (wie bei der Kunst der Antike oder der Renaissance) die Form überwiegt, manchmal aber auch (wie in der Kunst Rembrandts oder Rodins) das Leben. Entsprechendes läßt sich von der Moral sagen, insofern sie entweder formbestimmt oder lebensbestimmt ist, Entsprechendes auch von der Religion, die entweder ihre formbestimmte objektive Seite oder die lebensbestimmte subjektive Seite betont.

II.

Zu den vielen in der akademischen Philosophie unüblichen Themen, die Simmel behandelt hat, gehört auch die philosophische und soziologische Betrachtung des Verhältnisses der Geschlechter, und darin

---

10 A. a. O., S. 21.
11 A. a. O., S. 25.
12 A. a. O., S. 24.

vor allem die Rolle und das Wesen der Frau. Simmels Äußerungen zu diesem Thema haben unter den Gesichtspunkten der gegenwärtigen Feminismusdiskussion einen zwiespältigen Charakter: einerseits betont Simmel die soziale Benachteiligung der Frau (das nehmen die Feministinnen gerne zur Kenntnis), andererseits vertritt er die Ansicht, die Frau habe eine wesenhaft vom Mann verschiedene seelische Struktur (das gefällt den heutigen Feministinnen weniger).

Aber darauf kann ich mich hier nicht einlassen, sondern will nur kurz darstellen, wie Simmels Ansicht aussieht. Er weiß im übrigen genau, daß er nicht von »der Frau« schlechthin sprechen kann, sondern nur von einer Mehrzahl der Frauen[13]. Man mag im übrigen seinen Behauptungen zustimmen oder nicht. Wichtig in unserem Zusammenhang ist, daß er überhaupt dieses Thema aufgenommen und in immerhin bedenkenswerter Weise behandelt hat.

Nun zur Sache. In einem Aufsatz aus dem Jahre 1902 entwickelt Simmel die Idee einer »weiblichen Kultur«. Unsere Kultur sei bisher vorwiegend männlich bestimmt und benachteilige dadurch die Frauen. Diese seien in ihrem Wesen weniger differenziert, ganzheitlicher, »enger um einen Einheitspunkt herum gesammelt«[14], während die männliche Kultur Spezialisierung verlange. Aus der weiblichen Undifferenziertheit aber müsse letztlich, wenn die Frauen Gelegenheit hätten, kulturschaffend zu werden, auch eine weibliche Kultur erwachsen. Jedoch sei dafür die Zeit noch nicht reif. Deshalb müsse zunächst das Stadium einer gewissen äußeren Gleichheit erreicht, dann aber überschritten werden zu einer Synthese männlicher und weiblicher Kultur[15]. Mehr sei hier zu diesem für die Lebensphilosophie charakteristischen Thema nicht gesagt[16].

III.

In fast allen Arbeiten Simmels, auch in den soziologischen, steht der Begriff des Lebens mehr oder weniger im Mittelpunkt der Gedanken. So soll etwa in der »Philosophie des Geldes« das Geld aus den Eigen-

---

13 Schriften zur Philosophie und Soziologie der Geschlechter. Frankfurt 1985, S. 27.

14 Zur Psychologie der Frauen, S. 28.

15 A.a.O., S. 173.

16 Vgl. aber die Schrift von E. Jain: Schwachsinniges Geschlecht oder Symbolon? Reflexionen zum Verhältnis von Philosophie und Feminismus. St. Augustin 1989.

schaften des Lebens begriffen werden wie auch umgekehrt der Einfluß des Geldes auf das Leben.

Bedingung für philosophisches Denken ist nach Simmel der Sinn für das Ganze des Seins. In den »Hauptproblemen der Philosophie« heißt es dazu:

»Der Mensch ist im allgemeinen – dafür sorgt schon die Praxis des Lebens – immer auf irgendwelche Einzelheiten gerichtet; mögen sie sehr klein oder sehr groß sein: der tägliche Broterwerb oder ein kirchliches Dogma, ein Liebesabenteuer oder die Periodik der chemischen Elemente – es bleiben immer Einzelheiten, die das Sinnen, das Interesse, die Betätigung erwecken. Der Philosoph aber hat, natürlich in sehr verschiedenen Maßen und niemals in absolut vollkommenem, einen Sinn für die Gesamtheit der Dinge und des Lebens und – insoweit er produktiv ist – die Fähigkeit, diese innere Anschauung oder dieses Gefühl des Ganzen in Begriffe und ihre Verknüpfungen umzusetzen«[17].

Bei Simmel haben wir also dasselbe Schema wie bei Nietzsche, bei Dilthey und Bergson: Grundlage des Philosophierens ist eine Ganzheitserfahrung, die dann mit Hilfe einer Begrifflichkeit zu erfassen gesucht wird. Wie aber kommt es nach Simmel zu dieser Grundlegung? Wie findet man Zugang zur »Gesamtheit der Dinge und des Lebens?« Im strengen Sinne kann man ja nicht annehmen, daß ein Denker zu dieser »Gesamtheit« Zugang hat: er müßte dann ja überall sein können. Eine vorläufige Antwort wäre, daß der Philosophierende diese »Gesamtheit« als »Idee« hätte, und zwar aufgrund eines »Totalisierungsvermögens der Seele«. Aber wie sieht dergleichen aus? Simmel nennt zwei philosophische Wege, die Gesamtheit des Seins als Ganzheit zu erfassen: »Der eine ist der Weg der Mystik, der andre der Kants«[18].

Besonders bemerkenswert scheint mir hier die Einbeziehung der Mystik zu sein, denn Simmel war ja ein bedeutender Kenner der Philosophie Kants, und Kant hatte überhaupt keinen Sinn für Mystik. Wie kommt Simmel nun dazu, die Mystik in einer so wesentlichen und grundlegenden Beziehung zur Philosophie zu sehen? Es gibt dafür die folgende, etwas vorsichtige, Begründung:

»Ich lasse dahingestellt, ob die Mystik – als deren Typus ich hier die des Meister Eckhart wähle – ohne Vorbehalt der Philosophie zuzurechnen ist; vielleicht ist sie ein für sich stehendes geistiges Gebilde, jenseits von Wis-

[17] A. a. O., S. 11.
[18] A. a. O., S. 13.

senschaft wie von Religion; aber Eckharts Spekulation bewegt sich sozusagen in einer so allgemein menschlichen letzten Tiefe, daß die Philosophie seine Motive ohne weiteres in ihre Formen übertragen kann«[19].

Nach Eckhart sind zunächst alle Dinge in Gott enthalten und darin eines. Die Vielheit der Dinge entsteht erst in der Geburt des Sohnes in Gott, die sich in der Schöpfung fortsetzt. Simmel scheint mir Eckhart völlig richtig zu interpretieren, wenn er schreibt: »Gott, der alles ist, ist ›weder dies noch das‹, sondern ›ein und einfältig (K. A.: klarer wäre: ›einfaltig‹) in sich selber‹. So ist also zunächst die Ganzheit der Welt in *einen* Punkt gesammelt. Dies aber gibt Eckhart die Möglichkeit, sie in die Seele überzuführen«[20]. An dieser Stelle erinnert Simmel nun an Eckharts Lehre von dem Seelenfunken, »der von keiner kreatürlichen Mannigfaltigkeit berührt wird« und in dem die Seele mit Gott eins ist. »An diesem Punkte erkennen wir alle Dinge in ihrem wahren Wesen, weil wir ihre Einheit in Gott haben«[21]. Was Eckhart lehrt, findet sich aber nicht nur bei ihm allein. »In den verschiedensten Formen geht dieses Motiv durch die religiöse Mystik durch: daß die tiefste, alle Mannigfaltigkeit überwindende Versenkung in uns selbst zugleich in die absolute Einheit der Dinge führt«[22]. Diese Einheit erblickt der religiöse Mensch in Gott, und die Mystik gelangt zur Erfahrung dieser Einheit, »indem sie das Wesen der Seele in einen letzten, einfachen Lebenspunkt sammelt, der von jener Einheit des göttlichen Wesens nicht mehr getrennt ist«[23].

Der zweite Weg ist der Weg Kants. Simmel unterscheidet die beiden Wege des philosophischen Denkens mit Hilfe der Begriffe Form und Inhalt. In der Mystik ist »der *Inhalt* der Welt gewissermaßen in einem Punkt gesammelt, insofern seine Differenzen als unwesenhaft gelten und nur die Einheit des göttlichen Seins eigentlich existiert – so daß die Seele, dieser gleichfalls zugehörig, in ihr die unmittelbare Durchdringung mit der Welt gewinnt, die sich dann in der philosophischen Gedankenentwicklung sozusagen expliziert«[24]. Die Form und damit die Vielheit ist der Mystik unwichtig. »Die Kantische Reflexion dagegen hat ihren Angelpunkt im Formbegriff … Es

[19] A. a. O., S. 13.
[20] A. a. O.
[21] A. a. O., S. 13 f.
[22] A. a. O., S. 14.
[23] A. a. O.
[24] A. a. O., S. 20.

ist verständlich, daß das philosophische Ergreifen des Weltganzen sich entweder in dessen Reduktion auf die bloße formlose Substanz oder auf die inhaltslose Form vollzieht«[25]. Und: »Nur wenn der Geist den Inhalt für sich oder die Form für sich abstrahiert und damit eine gestaltende Eigentätigkeit am Sein ausübt, scheint er durch eben diese einen Zugang zu dessen Totalität zu gewinnen«[26]. Die Einheit der Welt findet sich bei Kant in der Einheit des Ich: »die Inhalte meines Bewußtseins sind mir eben als *einer* Persönlichkeit zugehörig bewußt … Dieser letzte Punkt des Ich in uns, in den die Welt eingeht und von dem, anders angesehen, jene Strahlen ausgehen, die die Welt in sich fassen und sie damit überhaupt erst zu einer Welt machen – besitzt für das Problem, das uns hier angeht, die gleiche Bedeutung wie das ›Fünklein‹ bei Eckhart. In beiden Fällen ist es gerade die absolute, zentrale Einheit des Geistes, durch die er sich der Beziehung zur absoluten Ganzheit des Daseins öffnet«[27].

Es handelt sich dabei weder um ein bloß Subjektives noch um ein rein Objektives. Es ist zwar in uns, aber es überschreitet das Individuelle in uns. »Es muß also im Menschen noch ein Drittes geben, jenseits ebenso der individuellen Subjektivität wie des allgemein überzeugenden, logisch-objektiven Denkens; und dieses Dritte muß der Wurzelboden der Philosophie sein, ja, die Existenz der Philosophie fordert als ihre Voraussetzung, daß ein solches Drittes da sei«[28]. Was ist dieses Dritte? Simmel nennt es vorläufig »die Schicht der typischen Geistigkeit in uns« und verweist dazu darauf, daß wir doch mit großer Sicherheit zu unterscheiden pflegen zwischen rein subjektiven Gefühlen einerseits und andererseits solchen, die wir bei allen anderen Menschen voraussetzen: »als spräche ein Allgemeines in uns, als bräche jener Gedanke oder jene Empfindung aus einem tiefen und generellen Grunde in uns hervor, der von sich aus ihren Inhalt rechtfertigte«[29]. Ähnliches liege der Kunst zugrunde, ähnliches auch der Religion[30]. Simmel steht hier kurz vor der Entdeckung dessen, was man in der Philosophie nach dem zweiten Weltkrieg mit dem Begriff der »metaphysischen« oder »ontologischen Erfahrung« oder auch der »Erfahrung des Seins« auszudrücken versucht hat. Das Sein

[25] A. a. O., S. 20 f.
[26] A. a. O., S. 21.
[27] A. a. O., S. 22.
[28] A. a. O., S. 25.
[29] A. a. O., S. 25.
[30] A. a. O., S. 25 f.

als die Einheit der Vielheit des Seienden wird von uns ja nicht als ein bloß Individuelles erfahren, auch nicht als ein objektiv Beweisbares, sondern als ein Drittes: wohl in uns gegeben, aber als ein solches, das auch allen anderen gegeben ist.

Simmel nähert sich dem Begriff der Erfahrung des Seins auch noch dadurch, daß er den Seinsbegriff in seine Betrachtungen einbezieht, und zwar in seiner doppelten Bedeutung: einerseits als die Gesamtheit des Seienden, das Seinsganze in seiner allumfassenden Vielheit, andererseits als das allem Seienden Gemeinsame. »Insofern ist das Sein sozusagen der philosophischste aller Begriffe, er erfüllt am meisten die Vereinheitlichungsaufgabe des Geistes gegenüber der Ganzheit der Welt«[31]. Und im Blick auf Parmenides, den Simmel freilich wohl zu materialistisch interpretiert, heißt es: »Es ist das tiefe Gefühl für die Einheit der Dinge, das in dieser wie in jeder Seins-Philosophie zum unmittelbarsten Ausdruck kommt«[32]. Hier ist Simmel zumindest für die im Gefolge des Parmenides stehende Philosophie ganz nahe beim Begriff der Erfahrung des Seins, der »ontologischen Erfahrung«.

2. Theodor Lessing

Georg Simmel war als Lebensphilosoph zugleich ein Mann der Universität. Das ist nicht typisch für Lebensphilosophen, denn diese lebten zum großen Teil außerhalb der Universität als freie Schriftsteller. So war es auch bei Theodor Lessing und bei Ludwig Klages. Eigentlich müßte man beide gemeinsam besprechen, denn die Verwandtschaft ihrer Ideen ist recht groß. Beide stammen auch aus derselben Stadt, aus Hannover, beide sind im gleichen Jahr geboren, nämlich 1872, beide waren in derselben Schulklasse und zu dieser Zeit gute Freunde, weil sie nämlich beide heimlich Gedichte verfaßten. Es gibt aber auch erhebliche Unterschiede. Lessing war vor allem politisch interessiert, hatte sozialistische Ideale. Klages war ein verhältnismäßig unpolitischer Mensch, wurde aber später nicht zuletzt wegen antisemitischer Äußerungen in Verbindung mit dem Nationalsozialismus gebracht. So ist er für Lukács »ein unmittelbarer Vorläufer der ›nationalsozia-

---

[31] A. a. O., S. 45.
[32] A. a. O., S. 48.

listischen Weltanschauung‹, was deren offizielle Philosophie auch immer dankbar anerkennt«[33].

Beginnen wir aber mit Lessing. Zunächst einiges zur Biographie. Er war wie Simmel Jude, Sohn eines Arztes, hatte eine unglückliche Kindheit, und insbesondere eine schlimme Schulzeit. Es gibt eine ausführliche Beschreibung seines bewegten Lebensweges von Rainer Marwedel[34], so daß ich mich hier auf einige wenige äußere Daten beschränken kann. Lessing studierte zunächst Medizin, dann Philosophie: 1899 Promotion in Erlangen mit einer Arbeit über den heute wenig bekannten russischen Philosophen Afrikan Spir[35], Habilitation 1907 an der Technischen Hochschule Hannover. Dort lehrte er bis 1925. Zwischendurch verfaßte er immer wieder Zeitungsartikel, von denen der über den Prozeß gegen den Massenmörder Haarmann und vor allem der über Hindenburg ihm zum Verhängnis wurden. Lessing hatte Hindenburg zwar als einen rechtschaffenen Mann dargestellt, aber auch als politisch unmündig, treu und bieder wie ein »Bernhardiner«, jedoch unfähig zu führen, lediglich »ein repräsentatives Symbol, ein Fragezeichen, ein Zero … Leider zeigt die Geschichte, daß hinter einem Zero immer auch ein Nero verborgen steht«[36]. Die Empörung nationalistischer Studenten und Professoren war gewaltig. Man besetzte seinen Hörsaal, blockierte den Zugang zu ihm, belästigte Lessing auf dem Heimweg, beschimpfte und bedrohte ihn, er wurde angerempelt, getreten; die Hochschule wurde bestreikt: alles so, wie in den achtundsechziger Jahren bei uns. Lessing mußte seine Lehrtätigkeit einstellen, erhielt aber einen Forschungsauftrag – der Terror der Studenten blieb unbestraft. Als die Nationalsozialisten 1933 an die Macht kamen, floh Lessing in die Tschechoslowakei. Dort wurde er in Marienbad am 30. August von zwei nationalsozialistischen Sudetendeutschen in seinem Arbeitszimmer erschossen (die beiden Mörder haben den Krieg überlebt, der eine im Westen, der andere im Osten Deutschlands).

Nun einige Notizen zu Lessings philosophischen Schriften, von denen die meisten in einem aphoristischen oder in einem feuilletonistischen Stil geschrieben sind. Den solidesten Eindruck macht noch

---

[33] Die Zerstörung der Vernunft, WW 9, 462.

[34] Darmstadt und Neuwied 1987.

[35] Spir (1837–1890) lebte lange in Deutschland, schrieb deutsch, war philosophisch Agnostizist. Vgl. Überweg IV 617, 721 f.: Afrikan Spirs Erkenntnislehre. Gießen 1900.

[36] Prager Tagblatt vom 25.4.1925.

die Antrittsvorlesung aus dem Dezember 1907 in Hannover mit dem Titel: »Philosophie als Tat«[37]. In dieser Vorlesung bekennt Lessing sich zu einer neuen philosophischen Richtung: dem »Aktivismus«.

Dieser sei eine »Geistesrichtung, die im tätigen Auswerten des Lebens, in seiner praktischen und unmittelbaren Gestaltung die eigentliche Aufgabe der Philosophie sieht«[38]. Hier erscheint schon der Lebensbegriff als Grundbegriff, aber als Grundbegriff einer »Philosophie als Tat«. Ihr stellt er die »Philosophie als Fach« entgegen, nicht weil er das Fach unterschätze, »sondern weil wir uns unsererseits angefeindet, beargwöhnt, vom deutschen Universitätsleben, ja vom rechten würdigen Wirken überhaupt ausgeschlossen, kurz in der Verbannung fühlen«[39]. Auch dies ein charakteristischer Zug der Lebensphilosophie, in mancher Hinsicht zudem ihr Schicksal.

Zur Lebensphilosophie gehört ferner der Ausgang von Nietzsche. Schon vor seiner Habilitation hatte Lessing ein Buch unter dem Titel »Schopenhauer, Wagner, Nietzsche. Einführung in moderne Philosophie«[40] veröffentlicht. Dieses Thema nahm Lessing in einem zweiten Nietzsche-Buch 1925 noch einmal auf. In seinem Buch äußert er sich einigermaßen kritisch zur Lebensphilosophie (was nicht bedeutet, daß man ihn nicht zur Lebensphilosophie rechnen darf, denn auch andere unbedingt in diese Richtung gehörende Denker liebten es nicht, als Lebensphilosophen bezeichnet zu werden). Zur Lebensphilosophie heißt es kritisch: »Auch Nietzsche wurde ein Opfer der durch und durch irrtümlichen modernen Lebensmetaphysik (jener schiefen Metaphysik, die gegenwärtig durch Henri Bergson zu so weitem Einfluß gelangte), jener Lebensphilosophie mit ihrem doppelten Irrtum, einmal aus der bewußtseinwirklichen Welt, die ja doch selber nur in das Leben hineingebaut ist, etwas Lebendiges, Bewußtseinsjenseitiges denkend herleiten zu wollen, und sodann gar die Sphäre des Vernunftwahren, nach deren Norm eine Wirklichkeit zustandekommt, für etwas selber ›Wirkliches‹, ja gar ›Lebendiges‹ zu halten«[41]. Noch in einer anderen Schrift hat Lessing die Lebensphilosophie, zumindest die sich auf Bergson beziehende, abgelehnt, und zwar deshalb, weil sie ihm als »Spiel mit einem Worte« erschien[42].

---

[37] Veröffentlicht in dem Sammelband: Philosophie als Tat. Göttingen 1914, S. 1–29.
[38] A.a.O., S. 3.
[39] A.a.O., S. 27f.
[40] München 1906.
[41] Nietzsche. Berlin 1925, S. 93f.
[42] Europa und Asien. Untergang der Erde am Geist. 5. Aufl. Leipzig 1930, S. 296f.

Auf der anderen Seite ist die Philosophie nach Lessing »nichts anderes als der höchste Ausdruck des Lebens selbst«[43], und ihre Aufgabe besteht darin, »genau zu erfahren, durch welche Art Betätigung unserer Kräfte wir das Leben am meisten erhöhen und in uns selbst die höchste Form von Leben verwirklichen können«[44].

Während die Universitätsphilosophie damals sich nur auf die abendländische Philosophie bezog, entdeckten die Lebensphilosophen auch das philosophische Denken der alten Inder und Chinesen, und zwar vor allem die mystischen Elemente in der indischen und chinesischen Philosophie. Schopenhauer war bekanntlich hier vorausgegangen[45]. Lessing fuhrt das von Schopenhauer und Deussen Begonnene weiter, freilich auch in dem besonderen Sinne seines eigenen kulturkritischen Denkens. Dieses kommt in zwei Büchern zum Ausdruck: »Europa und Asien. Untergang der Erde am Geist«[46] sowie in »Die verfluchte Kultur. Gedanken über den Gegensatz von Leben und Geist«[47]. Leben und Geist werden hier als feindliche Mächte einander gegenübergestellt. Unter Geist wird aber nur der Verstand, das rationale Denken, das Bewußtsein verstanden, nicht das, was die Griechen »noûs« nannten, was im Mittelalter »intellectus« hieß und im deutschen Idealismus »Vernunft«, wobei Schelling die »intellektuelle Anschauung« als das eigentliche Leben des Geistes deutet[48]. In der Verengung des Geistbegriffs kann dann gesagt werden, daß der Geist in der Not der Lebensbewältigung in den Ländern des Nordens entstanden sei und daß er aus dem erzwungenen Kampf mit der Natur und dem dadurch entstandenen Gegensatz zu ihr die Ursprünglichkeit des Lebens zerstöre. Daher richte die nordische rein rational-zweckmäßig eingestellte Denkrichtung des Geistes die Erde zugrunde. Nötig sei deshalb eine Rückkehr zur Naturverbundenheit der frühen indischen und chinesischen Denker. Denn: »Die dumpfen einfältigen Kinder der geneigteren Sonne standen nicht gleich uns der ›Welt‹ gegenüber: wägend, rechnend, schätzend, wollend. Sie lebten noch im zeit- und gegenstandslosen Zusammenhange mit astralen

43 Philosophie als Tat, S. 18.
44 A. a. O., S. 17.
45 Vgl. dazu meine »Philosophie der Religion« mit dem Kapitel: Schopenhauer und die Upanischadenmystik in der deutschen Philosophie. St. Augustin 1991, S. 381–389.
46 1. Aufl. 1916, 5. Aufl. Leipzig 1930.
47 München 1921, Neudruck 1981.
48 WW 1, 317.

oder chthonischen Geschwistern«[49]. Lessing hofft, daß jetzt die Jugend »das Christentum samt Kultur, Humanismus, Fortschritt und Wissenschaft« abschüttele[50]. Der Mensch der abendländisch-christlichen Kultur müsse endlich einsehen, »daß die Wunden, die er mit seiner Kultur zu heilen gedenkt, eben von dieser Kultur selber geschlagen sind«[51].

Ferner noch ein Wort zu dem für Lessing sehr charakteristischen Thema einer Philosophie der Geschlechter. Die leider auch von vielen bedeutenden Philosophen vertretene allgemeine Männeransicht zu diesem Thema ist ja im allgemeinen die, daß der Mann das Wesen des Verstandes sei, die Frau das Wesen des Gefühls, wobei man diese beiden seelischen Vermögen in einer Hierarchie sah: gegenüber dem Gefühl galt der Verstand als das Höhere (vor allem, wenn man ihn dann noch mit dem Geist verwechselt). Dieser weitverbreiteten Ansicht hatte Bergson eine zunächst fast gegensätzliche vertreten. Er war nämlich der Meinung, »daß die Frau ebenso intelligent ist wie der Mann, daß sie aber der Emotion weniger fähig ist, und wenn eine Kraft der Seele sich bei ihr geringer entwickelt zeigt, so ist es nicht die Intelligenz, sondern das Gefühlsleben«[52]. Allerdings gilt bei Bergson in der Hierarchie der Seelenvermögen die Emotion, nämlich die tiefe, schöpferische, für höher als die Intelligenz, so daß also wieder das Männliche als das dem Weiblichen Überlegene erscheint. Das ist nun bei Lessing ganz und gar anders. Nach ihm ist sogar »das Weib … der vergeistigtere, der Mann der affektiv gemütshafte Teil« unter den beiden Geschlechtern. Lessing folgert daraus aber nicht eine Höherstellung der Frau, sondern tritt dafür ein, daß die Frau »als der gleichberechtigte Kamerad« anzusehen sei[53]. Als gleichberechtigter Kamerad aber habe die Frau auch Verantwortung zu übernehmen.

Charakteristisch für die Lebensphilosophie ist auch ein Interesse für die Geschichte und die Geschichtswissenschaft. Dilthey und Nietzsche waren hier vorangegangen, und Spengler hatte eine aufsehenerregende Geschichtsphilosophie veröffentlicht. Lessing bringt 1919 sein Buch »Geschichte als Sinngebung des Sinnlosen« heraus,

---

49 Europa und Asien, S. 48 f.
50 Die verfluchte Kultur, S. 71.
51 A. a. O., S. 72.
52 Die beiden Quellen der Moral und der Religion, S. 40.
53 Weib – Frau – Dame. München 1910, S. 100 und 24. Vgl. dazu auch E. Jain: Schwachsinniges Geschlecht oder Symbolon? Reflexionen zum Verhältnis von Philosophie und Feminismus. St. Augustin 1989, S. 55–60.

sein erfolgreichstes Buch. Georg Simmel hatte die Erkenntnisse der Geschichtswissenschaft als schöpferische Umgestaltung der historischen Ereignisse durch das erkennende Subjekt interpretiert[54]. Solche Gedanken nimmt Lessing auf, verschärft sie aber, indem er der Geschichtswissenschaft grundsätzlich vorwirft, sie unterstelle der tatsächlichen Sinnlosigkeit des Geschichtsverlaufs unberechtigterweise einen Sinn: »Seit Herodot ... ist immer und immer wieder dieser fromme Wahn verkündet worden, daß Geschichte Vernunft und Sinn, Fortschritt und Gerechtigkeit widerspiegele«[55]. Die historische Wissenschaft liefere aber nichts anderes als eine »logificatio post festum«. Allerdings geht es Lessing nicht nur um eine »Zertrümmerung des Geschichtswahns«. Denn »nur der Mensch ohne Krücke und Brücke und ohne andern Sinn des Lebens als jenen, den er selber ins Leben hinein verwirklicht, kann das Schicksal der Erde in die Hand nehmen. Statt von blinder Naturordnung Wertverwirklichungen zu erwarten und Gerechtigkeit den Sternen abzufordern, beginnt er schmerzgeweckt und notgestachelt das sinnloschaotische Element unbeugsamer Zufallsgewalten im Sinn idealer Wertnormen nach Kräften zu gestalten ... Damit erst beginnt (in ganz neuem Sinn) das Leben Geschichte zu haben«[56].

3. Ludwig Klages

In Leben und Lehre eng verbunden mit Theodor Lessing ist Ludwig Klages, dennoch gibt es zwischen beiden grundlegende Unterschiede. Lessing war vor allem Journalist und Essayist, hatte aber eine Reihe von Jahren an der Technischen Hochschule Hannover Philosophie gelehrt. Klages war viel sachlicher und schrieb wie ein Gelehrter, kam aber niemals zu einer Universitätslaufbahn. Über sein Leben wissen wir durch eine bisher zweibändige Biographie immerhin über die Zeit von 1872 bis 1920 näher Bescheid[57]. Ich erwähne hier aber nur das Allerwichtigste.

---

[54] Die Probleme der Geschichtsphilosophie. Eine erkenntnistheoretische Studie. Leipzig 1892, 2. Aufl. 1905.

[55] Geschichte als Sinngebung des Sinnlosen. Neuausgabe München 1983, S. 12.

[56] A.a.O., S. 85 f.

[57] Hans Eggert Schröder: Ludwig Klages. Die Geschichte seines Lebens. Bd. 1 Bonn 1966; Bd. 2 Bonn 1972.

Ludwig Klages ist wie Theodor Lessing in Hannover und im selben Jahr, also 1872, geboren, allerdings erst zehn Monate später. Er stammt aus einer Kaufmannsfamilie, ging in Hannover zur Volksschule und zum Gymnasium. Dort war er mit Lessing befreundet, eine Freundschaft, die erst 1899 abrupt zu Ende ging. Nach dem Abitur studierte Klages Chemie von 1891 an, zuerst in Leipzig, dann in München, wo er u.a. Stefan George kennenlernte, sich neben verschiedenen, schon in der Schulzeit begonnenen poetischen Versuchen, mit Graphologie beschäftigte und bereits mit einer Tätigkeit als graphologischer Gutachter begann. Nach der Promotion in Chemie (Nebenfächer: Philosophie bei Graf Hertling, Physik bei Röntgen) wandte sich Klages aber ganz der Graphologie zu, gründete 1905 in München ein Seminar für Ausdruckskunde, das er bis 1915 weiterführte, dann 1919 in Kilchberg bei Zürich wieder aufnahm. Dort ist er 1956 gestorben.

Uns interessieren hier nicht seine Schriften zur Ausdruckskunde, zur Charakterologie und Graphologie, sondern nur seine philosophischen Werke, und zwar von diesen nur die in unserem Zusammenhang wichtigsten.

I.

Ich beginne mit der kleinen Schrift »Mensch und Erde« aus dem Jahre 1913. Es handelt sich um einen Beitrag zur Festschrift der »Freideutschen Jugend«, die am 13. Oktober auf dem Hohen Meißner bei Kassel eine Tagung abhielt, auf der ein später von der gesamten bündischen Jugend übernommenes Programm formuliert wurde. Der Beitrag von Klages ist auch heute (und gerade heute) noch aktuell, philosophisch aber dadurch bemerkenswert, daß in dieser kleinen Schrift schon der Grundgedanke auftaucht, der die spätere Klagessche Philosophie beherrscht und dort weitergeführt wird. Klages wendet sich gegen die zweifelhaften Ergebnisse des »Fortschritts«, den Wissenschaft und Technik für die moderne Kultur geleistet haben.

Zu Beginn weist Klages darauf hin, daß der Wald auf dem ganzen Erdball seinem Ende entgegengehe und fügt hinzu: »Man beweise uns die Notwendigkeit, daß die Menschheit mit Milliarden schlechter Zeitungen, Schmähschriften, Schauerromanen überschwemmt werde; und wenn man es nicht kann, so ist die Rodung der Urwälder nackter Frevel«[58]. Ein anderes Thema: »Die Italiener fangen und morden auf grausame Weise alljährlich Millionen an ihren Küsten erschöpft einfallender Zugvögel; und was sie davon nicht selbst verspeisen, das füllt ihre Beutel durch Ausfuhr nach England und Frankreich ... Dem Wohlleben und dem Geschäft, nicht aber dem Hunger fallen die gefiederten Sänger zum Opfer«[59]. Weiter: »Noch weit grauenvollere Verheerungen richtet die Mode an, will sagen die Gewinnlust einiger Schneider und Händler, deren dürftige Erfindungsgabe vom Satan selber eingeblasen erscheint«[60]. Klages denkt hier an Vogelarten, die wegen ihrer Federn ausgerottet werden, erwähnt auch die Tötung von Pelztieren, Walfischen, der nordamerikanischen Büffelherden, der Elefanten in Afrika: »Eine Verwüstungsorgie ohnegleichen hat die Menschheit ergriffen«[61]. Der moderne Mensch entfernt sich immer mehr von seinen Ursprüngen. Die Bauwerke der alten Zeit (ägyptische Pyramiden, griechische Tempel oder niederdeutsches Bauernhaus) »atmen ein jedes und offenbaren die Seele der Landschaft, aus der sie emporwachsen«[62]. Das ist heute vorbei: »Zerrissen ist der Zusammenhang zwischen Menschenschöpfung und Erde ... Dieselben Schienenstränge, Telegraphendrähte, Starkstromleitungen durchschneiden mit roher Geradelinigkeit Wald und Bergprofile, sei es hier, sei es in Indien, Ägypten, Australien, Amerika; die gleichen grauen vielstöckigen Mietskasernen reihen sich einförmig aneinander, wo immer der Bildungsmensch seine ›segenbringende‹ Tätigkeit entfaltet«[63]. Die Landschaft wird »in rechteckige und quadratische Stücke zerschnitten, Gräben zugeschüttet, blühende Hecken rasiert, schilfumstandene Weiher zugeschüttet ..., aus den Flußläufen, welche einst in labyrinthischen Krümmungen zwischen üppigen Hängen glitten, macht man schnurgerade Kanäle; die Stromschnellen und Wasserfälle, und wäre es selbst der Niagara, haben elektrische Sammelstellen zu speisen; Wälder von Schloten steigen an ihren Ufern empor, und die giftigen Abwässer der Fabriken verjauchen das lautere Naß der Erde – kurz, das Antlitz der Festländer verwandelt sich in ein mit Landwirtschaft durchsetztes

[58] Der Mensch und das Leben. Bonn 1974, S. 14.
[59] A.a.O., S. 14f.
[60] A.a.O., S. 15.
[61] A.a.O., S. 17.
[62] A.a.O., S. 18.
[63] A.a.O., S. 19.

Chikago!«[64]. Und noch ein Letztes in dieser Aufzählung: »Was aber das heuchlerische Naturgefühl der sogenannten Touristik anlangt, so brauchen wir wohl kaum auf die Verwüstungen hinzuweisen, welche die ›Erschließung‹ weltfremder Küsten und Gebirgstäler nach sich zog«[65]. Das sind die Folgen des »Fortschritts«, von dem Klages schreibt: »Unter dem Vorwand von ›Nutzen‹, ›wirtschaftlicher Entwicklung‹, ›Kultur‹ geht er in Wahrheit auf Vernichtung des Lebens aus«[66]. Denn: »Vertilgte Tier- und Pflanzenarten erneuern sich nicht, die heimliche Herzenswärme der Menschheit ist aufgetrunken, verschüttet der innere Born, der Liederblüten und heilige Feste nährte, und es blieb ein mürrischkalter Arbeitstag, mit dem falschen Flitter lärmender ›Vergnügungen‹ angetan. Kein Zweifel, wir stehen im Zeitalter des Unterganges der Seele«[67]. Das wirkt sich nun auch aus in der Stellungnahme des modernen Menschen zu seiner Weise der Lebensführung. »Wie man früher einmal die Liebe gepriesen oder die Entsagung oder gotttrunkene Entrücktheit, so treibt man heute eine Art Erfolgsreligion und verkündet mit dem Grabe der Vorwelt jenen Kleinleuteglauben, den Nietzsches glühender Hohn vorweggenommen, als er seinen ›letzten Menschen‹ mit Augenblinzeln sagen ließ: ›Wir haben das Glück erfunden!‹«[68]. Schuld an dieser Entwicklung ist nach Klages das abendländische Christentum, das die Wissenschaft und den Kapitalismus ins Leben gerufen habe mit dem Ergebnis, »das Verwobensein in die bildernde Vielgestalt und unerschöpfliche Fülle des Lebens hinzuopfern für das heimatlose Darüberstehen einer weltabscheidenden Geistigkeit«[69]. Und dies wiederum sei dadurch gekommen, »daß eine außerweltliche Macht in die Sphäre des Lebens einbrach«[70]. Diesen Gedanken des Gegensatzes zwischen dem Leben und der Seele einerseits sowie dem Geist und dem ihm dienstbaren Willen andererseits hat Klages dann in späteren Schriften weiter verfolgt. Was aber seine Kritik am Fortschrittsgedanken angeht, so sei nochmals darauf hingewiesen, daß seine Schrift aus dem Jahre 1913 stammt. Was würde er heute sagen!

---

64 A. a. O.
65 A. a. O., S. 20.
66 A. a. O., S. 21.
67 A. a. O., S. 24.
68 A. a. O., S. 26.
69 A. a. O., S. 31.
70 A. a. O., S. 33.

II.

Der Aufsatz »Mensch und Erde« ist noch wenig philosophisch, aber man ersieht aus ihm, wo die Klagessche Kulturkritik sich herleitet. Der sozialistische Kritiker der Lebensphilosophie Georg Lukács meint von Klages: »Er verwandelt eigentlich die Lebensphilosophie in ein offenes Bekämpfen von Vernunft und Kultur«[71]. Wir haben gesehen, wie das bei Klages gemeint ist, aus welchen Fakten sich seine Philosophie nährt, um zu erkennen, wie weit derartige Kritik an der gemeinten Sache vorbeigeht. Allerdings hat Klages niemals sehen wollen, daß die geistige Seite des menschlichen Erkennens nicht nur den Verstand, den Intellekt, die Rationalität enthält, sondern auch ein schauendes intellektuelles oder noetisches Vermögen. Das zeigt sich auch in der zweiten wichtigen Schrift, die wir hier erwähnen müssen: dem Buch mit dem Titel »Vom kosmogonischen Eros« aus dem Jahre 1922, die als die schönste unter den Klagesschen Veröffentlichungen gilt. Mit dem Begriff des »kosmogonischen Eros« will Klages seinen Erosbegriff von der unernsten und spielerischen Vorstellung des Erosknäbleins trennen, den die griechischen Bukoliker eingeführt hatten und der in den Putten des Barock und des Rokoko weiterlebt. Klages meint den Ur-Gott Eros, der bei der Weltentstehung, der Kosmogonie, als die treibende Zeugungskraft mitwirkt, wie er bei Hesiod und vor allem den Orphikern erscheint. Dieser Eros ist für Klages der uspründliche und eigentliche. Er gehört wie Dionysos und Demeter zu den großen Mysteriengöttern. Dagegen versuche der Platonische Eros »der seelischen Erregung des erotischen Zustandes unterzuschieben eine Affäre der Vernunft, derzufolge wir tatsächlich Begriffsgespenster an der Hand schulgerechten Denkens zu lieben hätten! Kaum brauchen wir anzufügen, daß damit bereits die gänzliche Schemenhaftigkeit desjenigen ›Schauens‹ erwiesen ist, worin sich dieser Eros angeblich erfüllen soll«[72]. So einleuchtend die Kritik an der nur noch rational-zweckmäßig bestimmten modernen Kultur ist, so wenig überzeugend wirkt die einseitige Auffassung des Geistbegriffs. Das wird auch an der Kritik der Platonischen Lehre vom Eros deutlich. Klages ist einfach blind dafür, daß das am Ziel des erotischen Erkenntnisaufstiegs dem Erkennenden begegnende Sein mehr ist als ein »Begriffsgespenst« und daß die als Ziel des Eros bei Platon be-

---

[71] Die Zerstörung der Vernunft. Werke 9, S. 458.

[72] Vom kosmogonischen Eros, S. 46.

schriebene Einswerdung des philosophischen Erkennens mit dem erkannten Einen nichts Schemenhaftes ist, sondern die unmittelbare Begegnung mit der tiefsten Wirklichkeit[73]. Klages bemerkt nicht, daß er das, was er bei Platon für »dialektische Fälschung« erklärt, zumindest der Sache nach selber vertritt. Auch er kennt eine schauende Erkenntnis, doch ordnet er sie nicht dem Geist, sondern der Seele zu. Der »kosmogonische Eros« der Griechen ist der elementare Eros. Diesen vergleicht Klages mit dem dionysischen Rausch bei Nietzsche, d.h. aber der Ekstase, dem Außer-sich-Sein oder, wie Klages dasselbe ausdrückt, dem Außer-dem-Ich-Sein. In der Ekstase findet also eine Befreiung vom Ich statt. Daran knüpft Klages drei Fragen: »Was ist es, das sich in der Ekstase befreit?«, »Wovon befreit es sich?«, »Was gewinnt durch sein Freiwerden das Sichbefreiende?«[74]. Die beiden ersten Fragen beantwortet Klages unmittelbar darauf: »es ist nicht, wie man wähnte, der *Geist* des Menschen, der sich befreit, sondern die *Seele*, und sie befreit sich nicht, wie man wähnte, vom Leibe, sondern grade vom Geiste!«[75]. Für die Beantwortung der dritten Frage geht Klages einen weiten Weg, auf dem zunächst der Zustand der Ekstase untersucht wird und zwei Phasen der Ekstase unterschieden werden: »die Phase, in der das Ich untergeht, und die Phase, in der das Leben aufersteht«[76].

Es folgt ein längeres Kapitel über das »Wesen der Ekstase«, in welchem Klages die Frage zu beantworten verspricht, »wie denn das Erlebnis beschaffen sei, dessen Gewißheitswert die Überzeugungskraft aller profanen Wahrheiten überwältigt«[77]. Dieses Erlebnis kann nicht bewußt herbeigeführt werden. Es ist gewissermaßen ein »Widerfahrnis«. Um zu verdeutlichen, was er meint, verweist Klages auf die Mysterienkulte mit ihren geheimen Weihen. Bei ihnen gibt es die Erfahrung einer Gewißheit, die alle rationale Gewißheit übersteigt: »die mystische Gewißheit entstammt dem Erlebnis der ›Epoptie‹, d.i. der Schauung – die Schauung bezieht sich auf die Erscheinung des Gottes (Epiphanie, Parusie) – und die hinwieder ereignet sich bei der Gelegenheit der sinnbildlichen Darstellung seines Todes mit darauf-

---

[73] Vgl. dazu auch mein Buch: Über Platons Begriff der Philosophie. St. Augustin 1989.

[74] Vom kosmogonischen Eros, S. 58 u. S. 94.

[75] A.a.O., S. 61.

[76] A.a.O., S. 66.

[77] A.a.O., S. 97.

folgender Wiedergeburt aus einer ›heiligen Hochzeit‹«[78]. Klages zeigt dies anhand von Texten aus den antiken Mysterienreligionen. Das Ergebnis ist: »der Myste erlebt die Weihe der Erfüllung, indem er, selber vergottet, sich einem Gotte vermählt (Kommunion, Unio mystica, Hierogamos), und er vereint sich mit ihm, indem er ihn schaut«[79]. Am Ende des nächsten, hauptsächlich vom Ahnenkult handelnden Kapitel heißt es dann zur Beantwortung der Frage nach dem Gewinn der Befreiung vom Geist zusammenfassend: »in der ekstatischen Wallung zielt das Leben auf Befreiung vom Geiste – die Vollendung besteht im Erwachen der Seele, und das Erwachen der Seele ist Schauung – sie schaut aber die Wirklichkeit der Urbilder – Urbilder sind erscheinende Vergangenheitsseelen – zum Erscheinen bedürfen sie der Verbindung mit dem Blute leibhaft Lebendiger – dies geschieht im Ereignis der Schauung, das deshalb eine mystische Schauung ist zwischen hingegeben empfangender Seele des Schauenden und dem zeugenden Dämon …«[80].

Diese Sätze bedürfen der Erläuterung. Es geht letztlich um die besondere Erkenntnisweise der Seele gegenüber der Erkenntnisweise des Geistes. Zunächst etwas über die Schau der »Urbilder«. Bei Klages findet sich dazu eine Stelle, aus der man das von ihm Gemeinte ersehen kann: »Hundertmal kann ich den Wald vor meinem Fenster gesehen haben, ohne etwas andres als eben nur das Ding zu erleben, jenes selbe Ding, das auch der Botaniker meint; aber einmal, während er flammt in Gluten der Abendsonne, vermag mich der Anblick meinem Ich zu entreißen; und da erschaut meine Seele plötzlich, was ich nie noch zuvor gesehen, vielleicht nur eine Minute lang, ja vielleicht nur sekundenlang; indes, ob nun lang oder kurz, das jetzt Erschaute war das Urbild des Waldes, und *dieses* Bild kehrt weder für mich noch für irgend sonstwen jemals zurück«[81]. Man könnte die geschilderte Begegnung zwar auch noch anders erklären, doch bleiben wir jetzt bei Klages.

Nun hieß es aber weiter: »Urbilder sind erscheinende Vergangenheitsseelen«. Dazu zunächst wieder ein Text von Klages: »Man denke sich aber am flachen Gestade des Meeres ruhend und ohne Nebengedanken dahingegeben dem äußersten Saume des Horizontes,

78 A. a. O., S. 98 f.
79 A. a. O., S. 99.
80 A. a. O., S. 179.
81 A. a. O., S. 110.

bezeichnet durch das zergehende Rauchwölkchen eines schon entschwundenen Dampfers, und nun stelle man im Spiegel der Rückbesinnung nebeneinander das Begleitgefühl der erlebten Raumestiefe und das Versunkensein in die Erinnerungsbilder einer unwiederbringlichen Jugend; und es wird beide einander verwechselbar ähnlich finden, wer im Reiche des Innern überhaupt zu finden die Gabe hat«[82]. Das scheint mir einerseits zu bedeuten: die Erfahrung der Unendlichkeit des Raumes verbindet sich in der Schau des Urbildlichen mit der Erfahrung der Unendlichkeit der vergangenen Zeit; und zwar insbesondere der persönlichen Lebenszeit hinsichtlich ihrer Unwiederbringlichkeit. Andererseits aber spricht Klages von den »erscheinenden Vergangenheitsseelen«. Was kann damit gemeint sein? Den Schlüssel zum Verständnis dieser merkwürdigen Wendung scheint mir der Gedanke an den Totenkult der Vorzeit zu liefern. Diesem Thema widmet Klages ein eigenes Kapitel[83]. In Anknüpfung an den bei den alten Völkern auf der ganzen Erde verbreiteten Totenkult, bei dem die Verstorbenen als immer noch Anwesende geglaubt werden, ja im Zustand des Schauens vom Schauenden erlebt wird, »daß er ›entrückt‹ ins ›nicht zu Betretende‹, in die Mutterwelt des Gewesenen oder denn wiederbringt die ›Geister‹ längst schon Verschiedener«. Und Klages fügt hinzu: »Kein Platon, kein Plotin, kein Schopenhauer ergründete das!«[84]. Gewiß nicht! Und deshalb hört auch hier das philosophische Verständnis auf (nur der Klages-Anhänger kann mit dergleichen etwas anfangen). Aber wir wollen doch noch den letzten Teil des zuvor erwähnten Satzes in den Blick nehmen. Da hieß es, daß die »erscheinenden Vergangenheitsseelen« zum Erscheinen die Verbindung mit dem Blut des Lebenden benötigten: vielleicht sind damit sogar die blutigen Opfer für die Toten gemeint. Aber dann geht es ja weiter mit dem Satz, daß diese Verbindung geschehe »im Ereignis der Schauung, das deshalb eine mystische Schauung ist zwischen hingegeben empfangender Seele des Schauenden und dem zeugenden Dämon«. Solche »Schauung« schreibt Klages dem Urvolk der Pelasger zu: die »lebendige Gegenwart, die der Pelasger für die Seelen seiner Toten fordert, entblüht von Augenblick zu Augenblick dem elementar-erotischen Zusammenhange des Gewesenen mit dem leibhaft

---

[82] A. a. O., S. 125.
[83] »Vom Ahnendienst«, S. 139–180.
[84] A. a. O., S. 132.

Lebendigen«[85]. Der Totenkult will das Los der als anwesend geschauten Verstorbenen verschönern, der Unsterblichkeitsglaube will dem Einzelnen für ihn selbst ein Fortbestehen verschaffen. »Unsterblichkeitsglaube geht also aus der Selbstsucht hervor und das bedeutet: es hat das Ich die Stelle der Seele besetzt und somit der Daseinswille die Stelle des Lebens«[86].

III.

Das eigentliche Hauptwerk von Klages nennt schon im Titel die These ganz klar: »Der Geist als Widersacher der Seele«. Es erschien zunächst in drei Bänden 1929–1932. Gegenüber dem Buch »Vom kosmogonischen Eros« bringt das Werk wenig Neues. Es ist nur viel weitschweifiger und hat mehr als 1500 Seiten.

Die Grundthese des Werkes ist die, »daß Leib und Seele untrennbar zusammengehörige Pole der Lebenszelle sind, in die von außenher der Geist, einem Keil vergleichbar, sich einschiebt, mit dem Bestreben, sie untereinander zu entzweien, also den Leib zu entseelen, die Seele zu entleiben und dergestalt endlich alles ihm irgend erreichbare Leben zu ertöten«[87]. Für Klages ist nämlich die Seele der Sinn des Leibes, und der Leib ist die Erscheinung der Seele. Das Leben ist diese Einheit von Leib und Seele. Klages fordert, daß wir wieder unsere Aufmerksamkeit dem Leben zuwenden, an die Stelle des »logozentrischen Denkens« das »biozentrische Denken« setzen.

Das Buch hat fünf große Hauptteile: erstens »Sein und Wirklichkeit« (mit dem Ergebnis, »daß die Seinsbegriffe, mit denen wir urteilen, an der Wirklichkeit sozusagen völlig vorbeitreffen«[88]), zweitens »Geist und Leben«, drittens »Bewußtsein und Erlebnis«, viertens »Die Lehre vom Willen« (nach Klages »ein wesentlicher Teil der Lehre von den Entstehungsbedingungen des Bewußtseins«[89]), schließlich fünftens »Die Wirklichkeit der Bilder« in zwei Teilen (von denen der erste die Lehre selbst darstellt, der zweite dann das Weltbild des Pelasgertums entwickelt). Klages hat in seinem Hauptwerk

---

85 A.a.O., S. 178f.
86 A.a.O., S. 175.
87 A.a.O., S. 7.
88 A.a.O., S. 70.
89 A.a.O., S. 515.

ein gewaltiges Material ethnologischer, aber auch philosophischer Art zusammengetragen. Die Lektüre ist aber schon wegen des gedrechselten Stils kein Vergnügen.

4. August Messer

Bevor wir zu den weiteren und bekannteren Lebensphilosophen wie Spengler, Keyserling und Ortega übergehen, möchte ich einige wenige Bemerkungen machen über August Messer, der sich selber als Lebensphilosophen verstanden hat, freilich in einem besonderen Sinne. Messer ist heute fast ganz vergessen, hat aber zu seiner Zeit eine nicht unbedeutende Rolle gespielt. Er verdient daher in unserem Zusammenhang wenigstens eine kurze Erwähnung.

August Messer ist 1867 in Mainz geboren und 1937 (auf einer Vortragsreise) in Rostock gestorben. Er war Privatdozent und später ordentlicher Professor für Philosophie, Psychologie und Pädagogik an der Universität Gießen. Die Auseinandersetzung mit der Religion hat seine innere Entwicklung lange Zeit bestimmt. Unter einem Pseudonym (A. Friedwalt) verfaßte er dazu einen Roman[90], später 1919 unter seinem eigenen Namen die Schrift: »Glauben und Wissen. Die Geschichte einer inneren Entwicklung«. Er hat überhaupt sehr viel geschrieben, bis zum Jahre 1934 insgesamt 42 Bücher.

In seinem Buch »Lebensphilosophie«[91] will er »zu einem lebens- und volksnahen Philosophieren« hinführen und erblickt sein Hauptziel darin, »Brücken zu schlagen zwischen den Philosophen ›vom Fach‹ und den aus den Fragen und Nöten des Lebens heraus Philosophierenden«[92]. Messer behandelt dann die Themen »Lebensphilosophie und Fachphilosophie«[93], »Lebensphilosophie und religiöser Glaube«[94], »Bedeutung der Lebensphilosophie für den Einzelnen«[95] mit zahlreichen Zitaten aus Briefen. »Die Bedeutung der Lebensphilosophie für die Gemeinschaft«[96] macht schließlich einen Unterschied

[90] »Katholische Studenten«. Stuttgart 1905.
[91] Leipzig 1931.
[92] A. a. O., S. 5.
[93] A. a. O., S. 7–30.
[94] A. a. O., S. 31–56.
[95] A. a. O., S. 57–136.
[96] A. a. O., S. 137–163.

zwischen ›Lebensphilosophie‹ und ›Philosophie des Lebens‹«[97], und zwar folgendermaßen: Lebensphilosophie sei »jegliche Philosophie, die durch Lebensnähe charakterisiert ist«[98], als Philosophie des Lebens aber versteht er die Philosophie Nietzsches, Diltheys, Simmels, Bergsons, Schelers, Spenglers. Neben Scheler, der wohl mehr zu den Interpreten der »Philosophie des Lebens« gehört, nennt Messer noch den Psychologen Christian von Ehrenfels und den damals in Dresden, später in München lehrenden Kulturphilosophen und Schriftsteller Fedor Stepun (auch ›Steppuhn‹)[99]. Nur Messers »Philosophie des Lebens« gehört also zu unserem Thema. Das von Messer als »Lebensphilosophie« Bezeichnete scheint mehr eine Art Popularphilosophie zu sein.

Messer hat auch eine Monatsschrift »Philosophie und Leben« herausgegeben. In den Bereich lebensphilosophischen Denkens gehört ferner die Schrift »Der Fall Lessing. Eine objektive Darstellung und kritische Würdigung«[100], die Lessing verteidigt, außerdem verfaßte Messer ein kleines Buch zum Thema der Jugendbewegung (bei der ja die Lebensphilosophen Nietzsche, Keyserling, Pannwitz und Spengler starke Beachtung fanden, ebenso wie russische Literatur und die Kultur Indiens und Chinas, von deutschen Dichtern vor allem Rilke und Stefan George): »Die freideutsche Jugendbewegung. Ihr Verlauf von 1913 bis 1922«[101].

Dies mag über Messer als Lebensphilosophen genügen. Im 3. Band der »Philosophie der Gegenwart in Selbstdarstellungen« findet sich eine philosophische Autobiographie[102], im 1. Band der »Zeitschrift für philosophische Forschung« ein Nachruf von Gerhard Klamp[103]. Von Messers Büchern sei zum Schluß aus naheliegenden Gründen noch »Oswald Spengler als Philosoph« erwähnt[104].

---

[97] A.a.O., S. 164–172.
[98] A.a.O., S. 164.
[99] A.a.O., S. 165.
[100] Bielefeld 1926.
[101] 4. Aufl. Langensalza 1922, 5. Aufl. 1925.
[102] Leipzig 1922, S. 145–176.
[103] August Messer. Leben und Werk. ZphF 1 (1946), S. 397–403, mit Literaturverzeichnis.
[104] Stuttgart 1924.

5. Oswald Spengler

Einer der größten Bucherfolge in der wissenschaftlichen Literatur des 20. Jahrhunderts war Spenglers Werk »Der Untergang des Abendlandes«, das kurz nach dem Ende des ersten Weltkrieges veröffentlicht wurde. Es hat leidenschaftliche Zustimmung, aber ebenso leidenschaftliche Ablehnung erfahren. Heute scheint es nur noch abgelehnt zu werden. Daß es von Lukács als »ein wirkliches, unmittelbares Vorspiel zur Philosophie des Faschismus« hingestellt wird, kann niemanden verwundern[105]. Daß es aber auch von nichtmarxistischer Seite so wenig gewürdigt wird, muß doch überraschen. Selbst in einem Fachlexikon wie dem von Georgi Schischkoff herausgegebenen »Philosophischen Wörterbuch« wird Spenglers Buch nicht sachlich referiert, sondern polemisch. Dort lesen wir folgendes Urteil: »Schon damals auch heftig kritisiert, wird das Buch seither zunehmend abfällig beurteilt, hauptsächlich wegen des in ihm zutage tretenden philosophischen Dilettantismus … und Tatsachenkultes … Im ganzen genommen vertritt Spengler einen recht flachen, das schwere Problem der Nichtübereinstimmung von Idee und Realität, von Geist und Wirklichkeit mit billigen, effektvollen Mitteln simplifizierenden Morphologismus der weltgeschichtlichen Auffassung«[106]. Dagegen findet August Messer die Grundlage für den Erfolg des Werks in der »souveränen Beherrschung und Durchdringung des Stoffes durch eine philosophisch begründete, einheitliche und charakteristische Welt- und Lebensanschauung«[107]. Eine merkwürdige Stellungnahme findet sich in »Meyers enzyklopädischem Lexikon«: »In seiner antidemokratischen Einstellung gilt Spengler als geistiger Wegbereiter des Nationalsozialismus, dem er besonders nach 1933 skeptisch und kritisch gegenüberstand«[108].

I.

Oswald Spengler ist 1880 als Sohn eines Postsekretärs in Blankenburg am Harz geboren und 1936 in München gestorben. Er hat in

---

105 GS 9, 403.

106 Philosophisches Wörterbuch. 22. Aufl. Stuttgart 1991, S. 684.

107 Oswald Spengler als Philosoph. Stuttgart 1922, S. III.

108 Vgl. auch Spenglers »Jahre der Entscheidung«. München 1933.

Halle und München, zum Schluß wieder in Halle, zuerst Mathematik und Naturwissenschaften, dann Philosophie studiert, das Staatsexamen in Zoologie, Botanik und philosophischer Propädeutik abgelegt und sodann bei dem Neukantianer Alois Riehl eine Doktorarbeit geschrieben mit dem Thema: »Der metaphysische Grundgedanke der heraklitischen Philosophie«[109]. Von 1908 bis 1911 war Spengler Gymnasiallehrer, danach lebte er als Privatgelehrter und Schriftsteller in München.

Spenglers Doktorarbeit wurde gedruckt unter dem Titel: »Heraklit. Eine Studie über den energetischen Grundgedanken seiner Philosophie«. Sie ist nach dem Tode Spenglers noch einmal veröffentlicht worden, und zwar in dem Sammelband seiner »Reden und Aufsätze«[110]. Dort findet sie sich auf den Seiten 1–47 (so kurz konnten damals philosophische Doktorarbeiten sein!). Ich greife einen der letzten Sätze der Arbeit heraus, in der Heraklit schon vom Lebensproblem her gedeutet wird: »Der Gedanke eines seit Ewigkeiten währenden und nie aufhörenden Kampfes, der den Inhalt des Lebens im Kosmos bildet, in dem ein gebieterisches Gesetz waltet und eine harmonische Ebenmäßigkeit aufrecht erhält, ist eine hohe Schöpfung der griechischen Kunst, der dieser Denker weit näher gestanden hat als der eigentlichen Naturforschung«[111].

II.

Nun aber zum Hauptwerk Spenglers. Der vollständige Titel lautet: »Der Untergang des Abendlandes. Umrisse einer Morphologie der Weltgeschichte«[112]. Bisher wurden weit über 100 000 Exemplare verkauft.

Der Grundgedanke des Werks, der eine eindrucksvolle Fülle und Vielfalt kulturgeschichtlicher Einzeltatsachen enthält und deutet, ist dennoch einfach: die verschiedenen Kulturen durchlaufen wie ein lebendiger Organismus verschiedene Phasen, nämlich Frühzeit, Entwicklungszeit, Reifezeit und Verfallszeit. Bei Spengler heißt es dazu

---

109 Halle 1904.
110 München 1937.
111 A. a. O., S. 46 f.
112 Bd. 1. Wien 1918, Bd. 2. München 1922. Eine beide Bände enthaltende Ausgabe von 1249 Seiten erschien zuerst 1923 in München.

einmal: »Jede Kultur durchläuft die Altersstufen des einzelnen Menschen. Jede hat ihre Kindheit, ihre Jugend, ihre Männlichkeit, ihr Greisentum«[113]. Diese Phasen weist Spengler vor allem nach an der indischen Kultur, der Kultur der Antike, der arabischen Kultur und der abendländischen Kultur, die nach ihm ungefähr um 900 n. Chr. beginnt. Aber nicht dieser Nachweis an sich war das an Spenglers Buch so Aufregende, sondern die These, daß sich die abendländische Kultur zur Zeit in der Phase des Verfalls, des Untergangs befinde (wie schon die antike Kultur mit dem Ende des Römerreichs dieses Stadium erreicht hatte).

Dergleichen verbindet sich bei Spengler einerseits mit dem Lebensgedanken, andererseits (wie es sich für einen Lebensphilosophen gehört) mit einer scharfen Kritik der Universitätsphilosophie. Schon im Vorwort zur einbändigen Ausgabe betont Spengler, er schreibe für »ernste Leser, welche einen *Blick* auf das Leben suchen statt einer Definition«[114]. Das Leben aber ist immer geschichtlich (hier stimmt Spengler mit Dilthey überein) und: »Jede echte Geschichtsbetrachtung ist echte Philosophie – oder bloße Ameisenarbeit«[115]. Nach Spengler irren sich die Universitätsphilosophen, wenn sie annehmen, der Gegenstand und die Probleme des philosophischen Denkens seien stets dieselben gewesen. Denn: »Jede Philosophie ist ein Ausdruck ihrer und *nur* ihrer Zeit, und es gibt nicht zwei Zeitalter, welche die gleichen philosophischen Intentionen besäßen, sobald von wirklicher Philosophie und nicht von irgendwelchen akademischen Belanglosigkeiten über Urteilsformen und Gefühlskategorien die Rede sein soll«[116]. Das »wissenschaftliche Kostüm« und die »gelehrte Maske« einer Philosophie sei nicht entscheidend: »Allein die Notwendigkeit für das Leben entscheidet über den Rang einer Lehre«[117]. Spengler nennt Beispiele dafür, daß es Philosophen gegeben habe, die politisch wirksam gewesen seien, z. B. Konfuzius, Pythagoras, Leibniz. Dann fügt er, sich damit allerding sehr entblößend, hinzu: »Erst mit Laotse, dem Gegner aller Staatsgewalt und großen Politik, dem Schwärmer für kleine friedliche Gemeinschaften, erscheint die Weltfremdheit und Tatenscheu einer beginnenden Katheder- und Winkelphiloso-

[113] Der Untergang des Abendlandes, S. 144.
[114] A. a. O., S. IX.
[115] A. a. O., S. 57.
[116] A. a. O.
[117] A. a. O., S. 58.

phie«[118]. Aber Lao-tse ist kein Kathederphilosoph, sondern ein Denker, der in eine Tiefe des menschlichen Bewußtseins hineinblickt, die gerade dem Leben dient, indem es ihm seine äußersten Möglichkeiten zeigt. Nicht zuletzt ist ja das Leben zunächst einmal das Leben des Einzelnen. Das Leben findet zwar statt in einer bestimmten geschichtlichen und gesellschaftlichen Situation, aber gelebt wird es jeweils vom Einzelnen.

Auf den Inhalt des riesigen Spenglerschen Werks kann ich hier nicht näher eingehen. Ich wollte nur auf seinen lebensphilosophischen Charakter hinweisen. In folgender Bemerkung Goethes zu Eckermann sieht Spengler seine ganze eigene Philosophie enthalten[119]: »Die Gottheit ist wirksam im Lebendigen, aber nicht im Toten; sie ist im Werdenden und sich Verwandelnden, aber nicht im Gewordnen und Erstarrten. Deshalb hat auch die Vernunft in ihrer Tendenz zum Göttlichen es nur mit dem Werdenden, Lebendigen zu tun, der Verstand aber mit dem Gewordenen, Erstarrten, daß er es nutze«. Das sind durchaus lebensphilosophische Gedanken, die nicht nur die Zustimmung Spenglers haben, sondern sich auch bei Klages und Theodor Lessing hätten finden können.

Schließlich noch ein Hinweis, der sich auf Nietzsche bezieht, den Spengler neben Goethe als den für sein Philosophieren einflußreichsten Denker nennt. Für Spengler hat jede Kultur nicht nur eine Geschichte, sondern auch eine für sie charakteristische »Seele«. Die Seele der Kultur der Antike nennt Spengler die ›apollinische‹, die des Abendlandes die »faustische«, die der Araberkultur die »magische«. Der Begriff des Apollinischen wird von Nietzsche ausführlich in der »Geburt der Tragödie« entwickelt, der des »Faustischen« bezieht sich auf Goethes Faust-Drama. Was will diese Unterscheidung zum Ausdruck bringen? Bei Spengler durchzieht sie das ganze Werk. Ich zitiere einige Beispiele: »Apollinisch ist die Bildsäule des nackten Menschen, faustisch die Kunst der Fuge. Apollinisch sind die mechanische Statik, die sinnlichen Kulte der olympischen Götter, die politisch vereinzelten Griechenstädte, das Verhängnis des Ödipus und das Symbol des Phallos; faustisch die Dynamik Galileis, die katholisch-protestantische Dogmatik, die großen Dynastien der Barockzeit mit ihrer Kabinettspolitik, das Schicksal Lears und das Ideal der Madonna

118 A. a. O.

119 A. a. O., S. 68 Anm.

von Dantes Beatrice bis zum Schlusse des zweiten Faust«[120]. Das heißt, grob gesagt: Statik gegen Dynamik, Endlichkeit gegen Unendlichkeit, Sein gegen Werden. Auch hier also lebensphilosophische Kategorien.

III.

Ausdrücklich bekennt sich Spengler zur Lebensphilosophie in seiner kleinen Schrift aus dem Jahre 1931: »Der Mensch und die Technik. Beitrag zu einer Philosophie des Lebens«. Spengler dehnt in dieser Schrift seine Betrachtungen aus dem Buch über den »Untergang des Abendlandes« auf die allgemeine Geschichte der Entwicklung des Menschen aus, und zwar anhand des Verhältnisses des Menschen zur Technik. Das Problem der Technik taucht im 19. Jahrhundert auf, und was zuerst ein Segen war, zeigt immer mehr auch seine Schattenseiten. »Das Ziel der Menschheit bestand darin, dem einzelnen einen möglichst großen Teil der Arbeit abzunehmen und der Maschine aufzubürden. Frei vom ›Elend der Lohnsklaverei‹ und Gleichheit im Amüsement, Behagen und ›Kunstgenuß‹: das *›panem et circenses‹* der späten Weltstädte meldet sich an«[121].

Man dürfe aber die Technik nicht erst beim Maschinenzeitalter untersuchen: »In Wirklichkeit ist die Technik uralt … Die Technik ist die Taktik des ganzen Lebens. Sie ist die innere Form des Verfahrens im Kampf, die mit dem Leben selbst gleichbedeutend ist«[122]. Nicht von der Maschine, nicht einmal vom Werkzeug, sondern vom Lebenskampf her soll die Technik verstanden werden. In diesem Sinne gibt es Technik schon bei den Tieren. Der Mensch aber ist im Gegensatz zu den pflanzenfressenden Tieren ein Raubtier, der seinen Lebenskampf in drei Stufen führt: zunächst die Herstellung und der Gebrauch von Werkzeugen, dann das auf die Sprache gegründete planmäßige gemeinsame Handeln bis hin zum Handeln in der Organisation von Staaten, schließlich die »Maschinenkultur«, in welcher die künstlich geschaffene Welt die natürliche vergiftet und in der die Weltherrschaft des »faustischen Menschen« zu Ende geht: Gedanken, die heute wieder ganz aktuell sind.

---

[120] A. a. O., S. 235.
[121] Der Mensch und die Technik, S. 3.
[122] A. a. O., S. 5.

6. Hermann Graf Keyserling

Zu den Lebensphilosophen wird gewöhnlich auch Graf Keyserling gerechnet, obwohl für ihn der Lebensbegriff nicht das Letzte und Tiefste ist. Keyserling selber hat sich als »Sinn-Philosophen« verstanden, d.h. als Philosophen, dem es zutiefst um den Gedanken des Lebenssinnes geht. In seinem Buch »Schöpferische Erkenntnis«[123] schreibt er: »Auf dem Gebiet des Lebendigen ist die Natur letztlich ein Ausdruck des Lebens, und dieses läßt sich weiter als Sinneszusammenhang beschreiben, wonach der ›Sinn‹ sich als Lebensinstanz erwiese«. Bei Keyserling hängt also der Sinnbegriff eng mit dem Lebensbegriff zusammen, so daß wir doch berechtigt sein dürften, eine solche Philosophie als Lebensphilosophie zu verstehen.

Hermann Graf von Keyserling entstammt einem alten Adelsgeschlecht, aus dem auch andere bedeutende Männer hervorgegangen sind (so der Freiherr Carl von Keyserlingk, ein Gönner von Johann Sebastian Bach, und der Schriftsteller Eduard Graf von Keyserling (1855–1918), damals durch seine Erzählungen und Romane über das Leben des baltischen Adels in Kurland recht bekannt). Der Philosoph Keyserling ist 1880 im livländischen Könno, das damals zu Rußland gehörte, geboren, studierte zunächst Geologie, in welchem Fach er 1902 promoviert wurde, beschäftigte sich aber dann, vor allem unter dem Einfluß von H. St. Chamberlain, mit Philosophie, plante sogar, sich zu habilitieren, entschloß sich dann aber zu einem Leben als freier Schriftsteller und vom Universitätsbetrieb unabhängiger philosophischer Lehrer. Im Jahre 1920 gründete er in Darmstadt eine »Schule der Weisheit«, die nach 1933 allerdings unter dem Druck der Nationalsozialisten an Bedeutung verlor, zumal 1944 die Räume der Schule und die Bibliothek völlig zerstört wurden. Nach dem Krieg wurde die Wiedereröffnung der Schule in Innsbruck vorbereitet, doch starb Keyserling vorher (1946 in Aurach bei Kitzbühl).

I.

Von den zahlreichen Werken Keyserlings möchte ich drei besonders hervorheben: »Das Reisetagebuch eines Philosophen« aus dem Jahre 1919, die »Südamerikanischen Meditationen« aus dem Jahre 1932

---

[123] Darmstadt 1922, S. 15, vgl. auch S. 25.

und das »Buch vom Ursprung«, das erst nach dem Tode Keyserlings im Jahre 1947 herausgegeben wurde. Keyserling war nicht nur seinem äußeren Lebensgang nach kein akademischer Philosoph. In der Selbstdarstellung seiner philosophischen Entwicklung[124] schreibt Keyserling: »Ab 1906 war ich wohl mit Simmel befreundet, ab 1910 mit Bergson, aber verdanken tue ich beiden weniger als den vielen Politikern, Künstlern und vor allem Frauen, mit denen ich in meinen Entwicklungsjahren verkehrte«. Es ist daher verständlich, daß seine Vorstellung vom Wesen der Philosophie sich grundlegend von der der Universitätsphilosophen unterscheidet. Keyserling lehnt die Verwissenschaftlichung der Philosophie ab und möchte demgegenüber die Weisheit wieder in ihr Recht einsetzen.

Einen ersten Schritt auf diesem Wege macht er auf seiner Weltreise im Jahre 1911, deren Ertrag in dem »Reisetagebuch eines Philosophen« niedergelegt ist und das dann, durch die Besetzung Estlands behindert, erst 1919 im Otto Reich-Verlag in Darmstadt erscheinen konnte. Der Verfasser hatte dem Buch das Motto vorangestellt: »Der kürzeste Weg zu sich selbst führt um die Welt herum«. Es geht also in diesem Buch um die Selbstfindung des Einzelnen (in ähnlicher Weise hatte Goethe seine Reise nach Italien verstanden). Der reisende Philosoph besucht Ceylon, Indien, Thailand, China, Japan und Nordamerika. Vor allem Indien scheint ihn beeindruckt zu haben. In Indien begegnet ihm auch so etwas wie eine mystische Erfahrung: »Es war jener seltsame Zustand der Entäußerung, den ich sonst nur an der Schwelle des Todes gekannt habe, wo intensives Daseinsgefühl mit der Verflüchtigung alles Wirklichen zupaar geht. Man kann nicht fest behaupten, daß man noch existiert; man vergeht mit der Welt ringsum. Und doch ist man da, mehr denn je sonst, seiner Wesenhaftigkeit sicher«[125]. Und dieses mystische Element der indischen Weisheit ist auch für Keyserling ein Vorbild: »Die Inder haben den statischen Wahrheitsbegriff überwunden und ihn durch einen dynamischen ersetzt, der seinen Sinn transfiguriert: auch wir werden das früher oder später tun. Auch wir werden früh oder spät einsehen, daß Wesenserkenntnis nicht durch noch so weitgehende Vervollkommnung des Begriffsapparats, nicht durch noch so erschöpfende Erforschung unseres Bewußtseins, wie es ist, zu erreichen ist,

---

[124] Raymund Schmidt: Philosophie der Gegenwart in Selbstdarstellungen. Bd. 3. Leipzig 1923, S. 109.

[125] Reisetagebuch 1, S. 185f.

sondern nur durch Gewinnung einer neuen, höheren Bewußtseinsform ... Diese Höherentwicklung hat in Indien begonnen; daher die Wunder seiner Seinserkenntnis und Lebensweisheit. An uns ist es, sie weiterzuführen«[126].

In Amerika, in New York, entdeckt er aber, wie weit der Mensch von diesem Ziel entfernt ist: »Das Unendliche, das wir ins Endliche zu bannen trachten, entrinnt uns ewig ... alles Streben dient nur dazu, im Geist zu wachsen: auf dem Wege zum Ziel, das ein zeitlich-Imaginäres ist, wird unser Eigentliches wirklich ... Aber es kommt nicht an auf die Zeit. In jeder vollkommenen Lebensverwirklichung aktualisiert sich das Ewige, wird das Wesentliche erreicht, zu dem zeitliche Entwicklung nur das Mittel war«[127]. In diesen Sätzen erweist sich Keyserling als moderner Mensch und Europäer, der er auch bleibt, selbst wenn er den Geist Indiens und Japans erfahren hat. In seiner »Schule der Weisheit« sucht er einen eigenen Weg zu gehen.

II.

Es ist jetzt noch kurz ein zweites und ein drittes Buch zu erwähnen. Das eine dieser Bücher nennt Keyserling »Südamerikanische Meditationen«[128]. Sie sind entstanden im Anschluß an eine Südamerika-Reise, durch die der Philosoph nicht nur seine erste Weltreise ergänzt, sondern auch seine bisherigen Einsichten. Der südamerikanische Kontinent erscheint ihm als der Kontinent des »dritten Schöpfungstages«, in welchem nach dem biblischen Schöpfungsbericht Gott das Wasser, das Trockene und die Pflanzen erschafft[129], eine geistferne Wirklichkeit. Den Südamerikaner versteht Keyserling demgemäß als Erdmenschen, der in einem Gegensatz zum Menschen des Geistes steht. Dieses Erdhafte hatte der Philosoph bisher nicht beachtet, entdeckt es aber jetzt auch in sich selbst. Das Erdhafte des Menschen ist verbunden mit der Ur-Angst und dem Ur-Hunger. Noch stärker zeigt es sich in der blinden Urkraft des erdgebundenen Lebens, der »Gana«. Das Wort meint im Spanischen umgangssprachlich soviel wie Verlangen und Lust, Keyserling sucht es tiefer zu verstehen als die Grund-

---

[126] A. a. O., S. 268 f.
[127] A. a. O., S. 712.
[128] Stuttgart 1932.
[129] Gen. 1, 9–13.

lage allen Lebens, als das im Kern böse Urleben. Von ihm ist der Geist des Menschen wesenhaft unterschieden. Er bricht gewissermaßen als ein Fremdes in das naturhafte Leben ein, aber nicht, wie bei Klages, als Widersacher des Lebens, sondern als Erhöhung des Lebens, das er vergeistigt, verwandelt und in dem er sich selbst ausdrückt. Daß heißt, daß der Keyserlingsche Geistesbegriff auf das bloß Rationale, Intellektuelle eingeschränkt ist. Das Leben des Geistes charakterisiert Keyserling in den »Südamerikanischen Meditationen« mit dem Danteschen Titel als »divina commedia«, als »göttliches Schauspiel«[130].

III.

Schließlich drittens »Das Buch vom Ursprung«. Das Manuskript wurde 1942 abgeschlossen, konnte aber, bedingt durch Krieg und Nachkriegszeit, erst nach dem Tode Keyserlings im Druck erscheinen[131]. Geschrieben ist das Buch auf dem der Schwiegermutter Keyserlings gehörenden Schloß Schönhausen, wohin sich der Philosoph zurückgezogen hatte, um den Nachstellungen der Nationalsozialisten zu entgehen.

Dieser letzten großen Schrift Keyserlings liegt wieder die Unterscheidung zwischen dem Erdhaften und dem Geistigen zugrunde. Wie weit der Keyserlingsche Geistbegriff vom »Widersacher der Seele« bei Klages entfernt ist, kann man schon aus den Ausführungen über das Denken ersehen, worin betont wird, »daß das Denken der Erd- und nicht der Geist-Seite des Lebens zugehört. Es ist ein Lebens*mittel* des Menschen, dem organischen Leben unterstellt, genau wie andere organische Funktionen, die seiner Erhaltung dienen«[132]. Und: »Ursprünglich kennt das Denken überhaupt keine geistigen Zielsetzungen. Es ist utilitarisch, praktisch und *terre à terre* durch und durch«[133]. Es sucht nach Keyserling das Geistige auf das Irdische und Materielle herabzuziehen. »Daher das Aufjauchzen von Millionen, als sie erfuhren, daß sie nicht von Gott, sondern vom Affen abstammen sollten, und die ungeheure Bereitschaft ebenso vieler, alles Hohe

---

[130] Vgl. dazu schon das »Reisetagebuch« 1, S. 341: »Je ursprünglicher also ein Wesen, je wahrhafter, lebendiger, echter, desto mehr gleicht sein Dasein einem Spiel. So ist ein Götterdasein nur als Spiel zu denken«.

[131] Bühl 1947.

[132] Buch vom Ursprung, S. 41.

[133] A.a.O., S. 42.

in Funktion niederer Triebe, alles Reine vom Schmutze her verstehen zu dürfen«[134]. Das Denken wird letztlich in einer Weise beschrieben, die an den in den »Südamerikanischen Meditationen« entwickelten Gana-Begriff erinnert: »Allüberall dient das Denken zunächst dem Ur-Hunger und der Ur-Angst, der Befriedigung von Lust und Machtbedürfnissen oder zur Sicherung gegen die Übermacht des Nicht-Ich«[135]. Gegen Ende des einleitenden Kapitels scheint Keyserling mit Klages und Lessing übereinzustimmen, wenn er schreibt: »Wird das Denken allmächtig, dann kann es überhaupt keinen Raum mehr geben für das, was die Menschheit von jeher als ihr Höchstes anerkannte und in dessen Verwirklichung auf Erden sie ihre eigenste Bestimmung sah ... Das Künstliche wird zum absoluten Herrscher über das Leben«[136]. Der Verstandesmensch merkt gar nicht, daß er das Leben verfehlen muß, weil er nicht mehr »von innen heraus« leben will. Und Keyserling schließt mit dem Gedanken, der ihn nun ganz von Klages trennt: »Daher die tiefe Sehnsucht aller seelisch und geistig noch nicht Abgestorbenen in dieser Wendezeit nach neuem Kontakt mit dem Ursprünglichen. Nach dem Ursprung in der Richtung der Natur sowohl als in der des Geistes«[137].

Es gibt für Keyserling also zweierlei Ursprüngliches: die Natur und den Geist. Sie wirken gemeinsam in der Liebe[138]. Der Geist aber ist das eigentlich Menschliche: »Geist ist unzweifelhaft der Kern des Menschen, auf welchen sich das Selbstbewußtsein letztlich bezieht«. Dennoch kann Keyserling sagen: »Der Geist ist auf seiner Ebene ein ebenso Konkretes wie das natürliche Leben«[139]. Hinter beiden, Natur wie Geist, aber findet sich das, was Keyserling den »Sinn« nennt. Keyserling setzt es an einer Stelle mit dem Tao des Lao-tse in Beziehung, das Richard Wilhelm bekanntlich mit »Sinn« übersetzt hat. Sinn ist Symbol für den Ursprung, »das, was im Fall von Lebendigem real hinter der Erscheinung steht und von der Intuition wahrzunehmen ist«[140].

---

134 A.a.O., S. 43.
135 A.a.O.
136 A.a.O., S. 58.
137 A.a.O., S. 59.
138 A.a.O., S. 212.
139 A.a.O., S. 267.
140 A.a.O., S. 153f.

7. José Ortega y Gasset

Wir kommen am Ende unserer Betrachtungen über die Lebensphilosophen des 20. Jahrhunderts zu José Ortega y Gasset. Er ist 1883 (also im gleichen Jahr wie Karl Jaspers und Louis Lavelle) in Madrid als Sohn eines bekannten Journalisten geboren, wurde an einem von Jesuiten geleiteten Gymnasium erzogen, studierte dann an der Madrider Universität Philosophie, welches Studium er 1904 mit der Promotion abschloß. Danach ging Ortega nach Deutschland, wo er in Leipzig und Berlin weitere Studien betrieb, sich vor allem mit Hegel, Nietzsche und Dilthey beschäftigend (wobei er von Dilthey das Interesse für Geschichtsphilosophie übernahm). Nach Spanien zurückgekehrt, erhielt er 1911 einen philosophischen Lehrstuhl, den er bis 1936, also bis zum Ausbruch des spanischen Bürgerkrieges, innehatte. Während des Bürgerkrieges und während des zweiten Weltkrieges hielt er sich im Ausland auf, lehrte auch an verschiedenen südamerikanischen Universitäten. Im Jahre 1948 kehrte er nach Madrid zurück, wo er 1955 starb.

Wie Simmel ist Ortega also vom äußeren Lebenslauf her ein typischer Universitätsphilosoph. Wie Simmel ist er aber in der von ihm behandelten Thematik ein typischer Lebensphilosoph und als solcher auch Kritiker der akademischen Philosophie: Ortega ist Kulturkritiker (vor allem durch sein Buch über den »Aufstand der Massen«), betont die Bedeutung der Geschichte (»Geschichte als System«), schreibt über Literatur (»Um einen Goethe von innen bittend«), über die Liebe (»Züge der Liebe. Ein Fragment«, »Der Einfluß der Frau auf die Geschichte«), über die Jagd (»Meditationen über die Jagd«), über das Golfspiel (»Gespräch beim Golf oder Über die Idee des Dharma«), über Rahmen (»Meditation über den Rahmen«). Ortega ist wirklich einer der Lebensphilosophen, und er wollte es auch sein (im Gegensatz zu vielen anderen Lebensphilosophen). Wie Simmel ist Ortega besonders aufgeschlossen für soziologische Probleme.

I.

Das zeigt sich gerade auch an seinem Buch »Der Aufstand der Massen« aus dem Jahre 1929[141]. Das glänzend geschriebene Buch, durch

[141] La rebelión de las masas, dt. Übersetzung zuerst 1931.

das Ortega berühmt wurde, beginnt mit dem Satz: »Es gibt eine Tatsache, die das öffentliche Leben Europas in der gegenwärtigen Stunde – sei es zum Guten, sei es zum Bösen – entscheidend bestimmt: das Heraufkommen der Massen zur vollen sozialen Macht«[142]. Ortega schildert plastisch, wie sich diese Herrschaft der Massen zunächst darin zeigt, daß alles heute überfüllt ist: »Die Städte sind überfüllt mit Menschen, die Häuser mit Mietern, die Hotels mit Gästen, die Züge mit Reisenden, die Cafés mit Besuchern; es gibt zu viele Passanten auf der Straße, zu viele Patienten in den Wartezimmern berühmter Ärzte; Theater und Kinos, wenn sie nicht ganz unzeitgemäß sind, wimmeln von Zuschauern, die Badeorte von Sommerfrischlern. Was früher kein Problem war, ist es jetzt unausgesetzt: einen Platz zu finden«[143].

So die Situation damals, die sich heute noch verschärft hat. Der Masse aber steht gegenüber die Elite. Was ist damit gemeint? Haben wir hier nicht einen ganz undemokratischen Gedanken vor uns? Das jedenfalls denkt der Kritiker der Lebensphilosophie Georg Lukács, nach dessen Ansicht Ortega »als Hauptapostel gegen die ›Vermassung‹ zum typischen Antidemokraten unsrer Zeit« geworden ist[144]. Und so denken auch viele bei uns. Solches Denken ist allerdings allzu plump, denn Ortega versteht »Masse« und »Elite« ganz anders. Er schreibt: »Die Eliten sind Individuen oder Individuengruppen von spezieller Qualifikation; die Masse ist die Gesamtheit der nicht besonders Qualifizierten. Man versteht darum unter Masse nicht nur und nicht in erster Linie die ›Arbeitermassen‹. Masse ist der Durchschnittsmensch«[145]. Das heißt: »Die Einteilung der Gesellschaft in Masse und Elite ist daher keine Einteilung nach sozialen, sondern nach menschlichen Kategorien; sie braucht nicht mit der Rangordnung der höheren und niederen Klassen zusammenzufallen«[146]. Denn: »Man kann von einer einzigen Person wissen, ob sie Masse ist oder nicht. Masse ist jeder, der sich nicht selbst aus besonderen Gründen – im Guten wie im Bösen – einen besonderen Wert beimißt, sondern sich schlechtweg für Durchschnitt hält, und dem doch nicht schaudert, der sich in seiner Haut wohlfühlt, wenn er merkt, daß er

142 GW 3, S. 7.
143 A. a. O.
144 Werke 9, S. 708.
145 Der Aufstand der Massen, GW 3, S. 9.
146 A. a. O., S. 10.

ist wie alle«[147]. Der Massenmensch ist der gewöhnliche Mensch, und charakteristisch für die jetzige Situation ist, »daß die gewöhnliche Seele sich über ihre Gewöhnlichkeit klar ist, aber die Unverfrorenheit besitzt, für das Recht der Gewöhnlichkeit einzutreten und es überall durchzusetzen«[148]. Daher lassen sich die Massen auch von den Eliten nicht mehr führen, nichts mehr sagen, sie sind mit sich zufrieden. Ortega fährt fort, indem er die Eliten als Gegensatz zu dieser Einstellung beschreibt: »Entgegen der landläufigen Annahme ist es nicht die Masse, sondern der große Einzelne, der seinem Wesen nach in Dienstbarkeit lebt. Sein Leben ist ihm schal, wenn er es nicht im Dienst für etwas Höheres verbraucht. Er sieht in der Notwendigkeit des Dienens keine Last«[149]. Das Bedauerliche ist freilich nun, daß der Massenmensch die Stelle der Eliten besetzen möchte, aber nicht die Einstellung der Eliten hat, oft sogar schon die Stelle der Eliten besetzt hat. Und das bedeutet: »Der Führung der Gesellschaft hat sich ein Menschentypus bemächtigt, den die Prinzipien der Kultur kalt lassen«[150]. So kommt Ortega zu dem Ergebnis: »Die Zivilisation des 19. Jahrhunderts nun ist von solcher Art, daß sie dem Durchschnittsmenschen gestattet, sich in einer Welt des Überflusses einzurichten, von der er nur die Üppigkeit der Mittel, aber nicht die Schwierigkeiten sieht«[151].

Was soll in einer solchen Welt die Philosophie? Sie kann natürlich nicht auf die Sympathie des mit sich selbst zufriedenen Durchschnittsmenschen rechnen. Dennoch hat sie in Wirklichkeit eine für die Zukunft der Kultur entscheidende Bedeutung. Ortega erblickt in der Philosophie, wenn sie sich wieder auf sich selbst besinnt, die einzige Möglichkeit, die vom Massengeist bedrohte europäische Kultur zu retten. Allerdings muß dazu gefordert werden, daß »wieder eine wahrhafte Philosophie zur Herrschaft kommt«[152]. Was er darunter versteht, deutet Ortega zunächst nur negativ an in einer übrigens auch für die heutige Situation der Philosophie zutreffenden Anmerkung: »Damit die Philosophie herrsche, ist es nicht nötig, daß die Philosophen herrschen, wie Platon zuerst forderte, noch auch, daß die Herrscher philosophieren, wie er später bescheidener erstrebte. Bei-

---

147 A. a. O.
148 A. a. O., S. 13.
149 A. a. O., S. 49.
150 A. a. O., S. 64.
151 A. a. O., S. 81.
152 A. a. O., S. 93.

des ist im Grunde unheilvoll. Damit die Philosophie herrsche, genügt es, daß sie existiert, das heißt, daß die Philosophen Philosophen sind. Seit fast einem Jahrhundert sind die Philosophen alles, nur nicht dies; sie sind Politiker, Pädagogen, Literaten oder Wissenschaftler«[153]. Aber wie sieht die »wahrhafte Philosophie« positiv aus? Wie stellt sich eine Philosophie dar, die von Philosophen betrieben wird, die wieder Philosophen sind? Die Antwort auf diese Frage gibt Ortega nicht mehr in seinem Buch über den Aufstand der Massen, sondern in seiner Schrift »Was ist Philosophie?«.

II.

Die Philosophie, die Ortega vorschwebt, ist eine Philosophie des Lebens: ihr Thema ist das Leben, aber auch sie selber ist eine Weise des Lebens. Ortega versteht sich als Vorkämpfer einer Lebensphilosophie, ungeachtet dessen, daß es weit ältere Vorkämpfer schon längst gibt: Nietzsche, Dilthey und Bergson. Es macht daher einen merkwürdigen Eindruck, wenn Ortega im Anschluß an eine Stelle bei Fichte, die Leben und Philosophie trennt, die Bemerkung macht: »Wir werden sehen, wie dennoch die Philosophie, jedenfalls meine Philosophie, von Grund auf und erstmalig das Leben einbezieht«[154].

Im Blick auf die Philosophie der Antike mit dem Grundgedanken des Seins fordert Ortega, die Philosophie müsse den Seinsgedanken zugunsten des Lebensgedankens aufgeben. So heißt es in der neunten Vorlesung: »Es geht also um nichts Geringeres, als den überlieferten Sinn des Begriffs ›Sein‹ zu entkräften, und da in ihm die Philosophie recht eigentlich wurzelt, bedeutet eine Reform der Seinsidee eine radikale Reform der Philosophie«[155]. Und an sein Publikum gewandt, fügt Ortega hinzu: »Es ergeht also an Sie die Aufforderung, Ihrem Respekt vor dem ehrwürdigsten, dauerhaftesten und am tiefsten eingewurzelten Begriff, den es in der geistigen Überlieferung gibt, zu entsagen: dem Begriff des Seins. Ich sage Schachmatt zu dem Sein Platons, zu dem Sein des Aristoteles, zu dem Sein von Leibniz und Kant – und natürlich auch zu dem Sein von Descartes«[156]. Ob Ortega

[153] A. a. O., S. 93 Anm.
[154] Was ist Philosophie?, S. 87.
[155] A. a. O., S. 200 f.
[156] A. a. O., S. 201.

nicht gewußt hat, daß Nietzsche schon längst sich scharf gegen das Seinsdenken der Griechen und dem der Tradition gewandt hatte?

Ortega will also nicht nur den Seinsgedanken der griechischen Philosophie überwinden, sondern auch den Seinsgedanken der Philosophie der Neuzeit, der sich zuerst eben bei Descartes findet. Warum nennt der spanische Philosoph jedoch Descartes nicht vor Leibniz und Kant? Ist es so, daß ihm außerdeutsche Philosophen erst später einfallen? Der Seinsbegriff der neuzeitlichen Philosophie erscheint Ortega als wesenhaft »idealistisch« (während ihm die Philosophie der Antike als »realistisch« gilt). Dem neuzeitlichen Idealismus gilt bekanntlich das Subjekt als die allein unbezweifelbare Realität. Ihr stellt Ortega die These gegenüber, »daß nicht das Bewußtsein, das Subjekt – sondern das Leben, das außer dem Subjekt die Welt umfaßt, diese Realität ist. Auf diese Weise entkommen wir dem Idealismus und erobern eine neue Ebene der Betrachtung«[157]. Die realistische Philosophie sieht nur die äußere Welt als real an, die idealistische Philosophie deutet nur die innere Welt der Subjektivität als real: die Lebensphilosophie aber faßt das Leben als die ursprünglich gegebene und gewisseste Realität auf, wobei sich im Begriff des Lebens das Äußere mit dem Inneren, das Objektive mit dem Subjektiven verbindet[158].

Einer solchen auf den Lebensbegriff gegründeten Philosophie ist dann die Aufgabe gestellt, diesen Begriff des Lebens näher zu bestimmen: »Das erste also, was die Philosophie tun muß, ist dies: sie muß definieren, was das ist: ›mein Leben‹, ›unser Leben‹, das Leben jedes einzelnen«[159]. Mit diesem Lebensbegriff soll jedoch nicht das Leben im Sinne der biologischen Wissenschaft gemeint sein: in Ortegas Lebensbegriff ist sowohl der Weltgedanke als auch der Bewußtseinsgedanke enthalten und geht daher allem bloß biologischen Denken voraus. Er enthält das Allgemeine und zugleich das Individuelle[160]. Nach Ortega »besteht das radikale Problem der Philosophie darin, diese Seinsweise zu definieren, diese primäre Realität, die wir ›unser Leben‹ nennen … Zum erstenmal geht die Philosophie von etwas aus, was keine Abstraktion ist«[161].

---

[157] A.a.O., S. 248.
[158] A.a.O., S. 224f.
[159] A.a.O., S. 220.
[160] A.a.O., S. 257.
[161] A.a.O., S. 221.

Wie Nietzsche (und vermutlich auch unter dem Einfluß Nietzschescher Gedanken) hält also Ortega den Seinsbegriff für eine Abstraktion. Bekanntlich hat Parmenides um 500 v. Chr. den Seinsbegriff erstmals in philosophischem Sinne verwendet, und Nietzsche nimmt an, Parmenides habe »wahrscheinlich erst in seinem höheren Alter, einmal einen Moment der allerreinsten, durch jede Wirklichkeit ungetrübten und völlig blutlosen Abstraktion gehabt«, und in diesem Moment, den Nietzsche auch den eines »eisigen Abstraktions-Schauders« nennt, sei der Seinsbegriff entstanden[162]. Nietzsche ist ferner der Meinung, wir könnten das Sein nur als ›Leben‹ denken[163]. Wie Nietzsche an die Stelle des Seins das Werden setzen will, so Ortega an die Stelle des Seins das Leben.

Mit dem Begriff des Lebens glaubt Ortega an die Wurzel des philosophischen Denkens gelangt zu sein: »Das ist die neue Landschaft, die ich angekündigt habe: die älteste von allen, diejenige, die wir stets in unserem Rücken gelassen haben. Die Philosophie tritt, um anzufangen, hinter sich zurück, erblickt sich als Form des Lebens, die sie ist, in dem, was sie konkret und in Wahrheit ist: kurzum, sie zieht sich ins Leben zurück, taucht in ihm unter – ist in erster Linie Meditation unseres Lebens«[164]. Das Leben aber wird von uns erfahren als eine Verbindung von Ich und Welt: »Gegeben ist mir mein Leben, und mein Leben ist in erster Linie ein Sichfinden meines Ich in der Welt«[165]. Anders ausgedrückt: »Leben ist, sich in der Welt finden«[166]. Das klingt schon sehr nach dem Heideggerschen In-der-Welt-Sein. Deshalb fügt Ortega noch hinzu, daß dieser Gedanke auch in schon früher von ihm veröffentlichten Schriften enthalten sei, und betont dazu: »Es liegt mir daran, namentlich, was die Daseins-Idee betrifft, daraufhinzuweisen, daß ich auf sie, chronologisch gesehen, meinen Prioritätsanspruch geltend mache«[167]. Gleichzeitig weist Ortega jedoch auf Heidegger hin, der mit seinem Buch »Sein und Zeit« in der Analyse des Lebens am weitesten fortgeschritten sei.

Anders als Nietzsche lehnt aber Ortega den Seinsbegriff der abendländischen Tradition nicht grundsätzlich ab. Der Begriff des Seins solle nur auf eine neue Weise verstanden werden: »Wir haben

---

[162] KSA 1, S. 836.

[163] KSA 12, 153.

[164] Was ist Philosophie?, S. 221.

[165] A. a. O., S. 219.

[166] A. a. O., S. 237.

[167] A. a. O.

eine von Grund auf neue Wirklichkeit gefunden – und insofern verschieden von allem philosophisch Bekannten – folglich etwas, worauf die herkömmlichen Wirklichkeits- und Seinsbegriffe nicht zutreffen … Woraus sich ergibt, daß der Fund, den wir machen, über die Tatsache, daß er eine neue Wirklichkeit ist, hinaus die Einweihung in eine neue Idee des Seins, in eine neue Ontologie darstellt – daß er Einweihung in eine neue Philosophie ist und – insoweit diese auf das Leben einwirkt – in ein ganz neues Leben – eine ›vita nova‹«[168]. Der neue Seinsbegriff, den Ortega einführen will, soll also nicht nur etwas über das Leben sagen, sondern sogar zu einer neuen Lebensweise führen (mit dem Ausdruck »vita nova« spielt Ortega auf den Titel einer Gedichtsammlung bei Dante an). »Philosophie ist eine Form des Lebens«[169].

III.

Zum Schluß werfen wir noch einen kurzen Blick auf die vor allem in Deutschland sehr bekannte kleine Schrift: »Um einen Goethe von innen bittend«[170], die zuerst anläßlich des 100. Todestages des Dichters, also im Jahre 1932 erschienen ist, die deutsche Übersetzung 1934, 2. Auflage 1952[171].

Ortega vertritt dort die Ansicht, über Goethe müsse ein Deutscher schreiben. Aber bis jetzt gebe es kein gutes deutsches Buch über Goethe. »Das einzig lesbare ist bis jetzt das von Simmel, wenn es auch, wie alle Simmelschen Bücher, unzureichend ist, weil dieser scharfe Geist – eine Art philosophischen Eichhörnchens – den Gegenstand, den er wählte, niemals selber zum Problem machte, sondern ihn als eine Plattform hinnahm, um darauf das wundervolle Spiel seiner Analysen zu exekutieren«[172]. Es komme nicht darauf an, »über« Goethe zu schreiben. Man müsse sich vielmehr in ihn hineindenken[173]. Daher bittet der spanische Philosoph »um einen Goethe von innen«[174]. Dazu sei erforderlich, das Problem seines Lebens aufzurollen.

---

[168] A. a. O., S. 223 f.
[169] A. a. O., S. 259.
[170] Pitiendo un Goethe desde dentro.
[171] GS 3, S. 267–297.
[172] A. a. O., S. 271.
[173] A. a. O.
[174] A. a. O., S. 272.

Das Leben aber sei die »Einheit von dramatischer Dynamik zwischen den beiden Elementen, Ich und Welt«[175]. Das Programm für eine Goethe-Biographie »von innen« heißt deshalb: »Nicht das Innen Goethes, sondern das Innen seines Lebens, des Dramas Goethe«[176]. Das Leben eines Menschen aber werde bestimmt durch die Weise, wie er sich zu seiner Bestimmung verhalte. Denn: »Das Fesselndste ist nicht der Kampf des Menschen mit der Welt, mit seinem äußeren Schicksal, sondern sein Kampf mit seiner Berufung … Folgt er ihr ganz und gar, oder ist er im Gegenteil fahnenflüchtig und erfüllt sein Dasein mit den Surrogaten dessen, was sein echtes Leben gewesen wäre?«[177]. Unter diesem Gesichtspunkt müsse eine Lebensbeschreibung Goethes in Angriff genommen werden, und gerade bei Goethe sei das besonders gut möglich, denn dieser habe unablässig über sein eigenes Leben nachgedacht: »Goethe beschäftigt sich unaufhörlich mit seinem eigenen Leben, weil das Leben Beschäftigung mit sich selbst ist«[178].

An dieser Stelle findet sich eine knapp drei Seiten lange Anmerkung, in der Ortega zwar erklärt, daß er der deutschen Philosophie viel verdanke, daß er aber gerade die meisten Grundgedanken Heideggers in früheren Schriften vorweggenommen habe, selbst die berühmte etymologische Übersetzung des griechischen Wortes *aletheia,* was meiner Ansicht nach (die ich freilich an dieser Stelle nicht ausführlich begründen kann) nicht sehr einleuchtend ist.

Goethe mache es dem Biographen allerdings schwer, da er sein Leben biologisch und sogar botanisch auffasse[179]. Das dürfe jedoch keine Rolle spielen: »Goethe *denkt* sein Leben unter dem Bild einer Pflanze, aber er fühlt, er *lebt* es als spannungsvolle Sorge um sein eigenes Sein«[180]. Das hört sich nun doch ein wenig nach Heidegger an! Goethe habe geahnt, daß das Leben an sich ethisch sei, und so habe er sich am Ende zu der Einstellung durchgerungen: »Das Rechte ist, was dem Menschen gemäß ist«. Ortega kommentiert das so: »Der Imperativ der geistigen und abstrakten Ethik wird ersetzt durch den inneren, konkreten Imperativ des Lebens«[181]. Auf Einzelheiten des

175 A. a. O., S. 274.
176 A. a. O., S. 274.
177 A. a. O., S. 275.
178 A. a. O., S. 277.
179 A. a. O., S. 278.
180 A. a. O., S. 279.
181 A. a. O., S. 281.

von Ortega vorgeschlagenen Weges einer neuen Goethe-Interpretation kann ich hier nicht mehr eingehen, doch sei soviel gesagt, daß Goethe sich immer wieder seiner eigentlichen Berufung entzogen habe und in einem unbestimmten Stadium der bloßen Möglichkeit verblieben sei.

In den abschließenden Sätzen Ortegas heißt es: »Jetzt wäre zu zeigen, warum Goethe, der seinem Ich untreu war, uns gerade Treue gegen das unserige gelehrt hat« Und: »Es gibt nur eine Methode, die Klassiker zu retten: wenn wir sie ohne Umstände zu unserer eigenen Rettung gebrauchen, das heißt, wenn wir von ihrer Eigenschaft als Klassiker absehen, sie zu uns heranziehen und vergegenwärtigen, indem wir neues Leben in sie einströmen lassen mit dem Blut aus unseren Adern, das aus unseren Leidenschaften besteht – und aus unseren Problemen«[182]. Ortegas Goethe-Interpretation erweist sich als ein Stück Lebensphilosophie.

182 A. a. O., S. 296 f.

4. Deutung

Den zuvor genannten Lebensphilosophen stand eine Anzahl anderer Denker so nah, daß man sie in manchen Darstellungen selber unter die Lebensphilosophen eingereiht findet. Bei ihnen gibt es jedoch auch die Bemühung um eine distanzierte Interpretation lebensphilosophischer Grundgedanken. Zu solchen Deutern der Lebensphilosophie zählen insbesondere Scheler, Misch, Lersch und Bollnow.

1. Max Scheler

Max Scheler (1874–1928) hat noch bei Dilthey und Simmel in Berlin studiert, promovierte aber 1897 in Jena bei Rudolf Eucken und habilitierte sich zwei Jahre später ebenfalls bei ihm. Erst als Privatdozent lernte er Husserl kennen und bemühte sich dann um eine Umhabilitation nach München, wo er seit 1906 lehren durfte und in engen Kontakt mit dem Münchener Phänomenologenkreis um Moritz Geiger und Alexander Pfänder kam. Im Jahre 1913, in welchem er Mitherausgeber des »Jahrbuchs für Philosophie und phänomenologische Forschung« wurde (neben Husserl, Geiger, Pfänder und Reinach), veröffentlichte er die bedeutende Abhandlung »Zur Phänomenologie und Theorie der Sympathiegefühle und von Liebe und Haß«, aber auch den in unserem Zusammenhang wichtigen Aufsatz: »Versuche einer Philosophie des Lebens. Nietzsche – Dilthey – Bergson«[1]. Dieser Aufsatz stellt die erste bemerkenswerte Stellungnahme zur Lebensphilosophie dar, die Scheler nicht als Philosophie über das Leben interpretiert, sondern als »Philosophie aus der Fülle des Lebens heraus, ja – schärfer gesagt – eine Philosophie aus der Fülle des Erlebens heraus«[2]. Als Begründer dieser neuen Weise des Philosophierens werden dabei Nietzsche, Dilthey und Bergson vorgestellt.

[1] GW 3, S. 311–339.
[2] GW 3, S. 311.

Bei Nietzsche habe es zwar noch keine Lebensphilosophie im eigentlichen Sinne gegeben, doch schwebe er über den modernen Ansätzen zu einer Philosophie des Lebens »wie ein verborgener Schutzgeist«, und er habe durch die Gewalt seiner Sprache in das Wort ›Leben‹ den »tiefen Goldklang« gebracht, den es von da an besitze[3]. Nietzsche habe als erster vom Leben schlechthin gesprochen, wenn es bei ihm etwa heiße: »In dein Auge schaute ich jüngst, oh Leben«[4]. Nietzsche habe auch die biologische Seite des Lebens tiefer verstanden als die Naturwissenschaft. Nach Spencer ist das Leben eine »Anpassung innerer Beziehungen an äußere«. Dem erwidert Scheler im Sinne Nietzsches: »Aber Leben ist nicht etwas, das sich ›anpaßt‹ oder auch ›angepaßt‹ wird. Leben, das ist vielmehr eine Tendenz zur Gestaltung, zur Formung, ja zur herrschaftlichen Überwältigung und Einverleibung eines Materials … Leben – das ist vielmehr eine Tendenz zur Steigerung ihrer selbst, etwas, dessen ›Werden‹ auch schon von zu Hause aus ›Wachsen‹ ist und in diesem Wachsen erst Einverleibung eines Materials. Ein Lebendiges wächst nicht, weil es sich ernährt: es ernährt sich, weil es wächst«[5]. Letztlich gehe es dem Leben um »Machtsteigerung«, und dies sei »sein geheimster Sinn und metaphysischer Atem«, denn das Leben wolle lieber zugrundegehen als sich mit bloßer Daseinserhaltung und Anpassung begnügen[6].

Dilthey erscheint bei Scheler als »fleißiger Gelehrter und doch voll großer Intuitionen, die über Epochen das Licht und die Glut eines gegenwartsfremden – d. h. echten – Verständnisses gossen«[7]. Dilthey sei es darum gegangen, die Geisteswissenschaften und vor allem die zu ihrem Gebiet gehörige geschichtliche Welt aus der Totalität des Lebens heraus zu verstehen. Grundlage der Geisteswissenschaften sollte eine »verstehende Psychologie« sein, die von der damals herrschenden »erklärenden Psychologie« sich wesenhaft unterschied. Diese verstehende Psychologie sollte dem Erleben beschreibend und zergliedernd nachgehen, wozu Scheler an Diltheys Arbeiten zur Romantik, an sein »wunderbar feinfühliges Eindringen in die Zusammenhänge von Erlebnis und Dichtung« sowie an die von ihm entworfenen Bilder der Dichter und der großen Historiker erinnert[8].

---

3 GW 3, S. 314.
4 Nietzsche: Also sprach Zarathustra. KSA 4, S. 282.
5 GW 3, S. 315.
6 A. a. O., S. 315 f.
7 GW 3, S. 318.
8 GW 3, S. 323.

Als dritter der Vorläufer der Lebensphilosophie wird Bergson von Scheler behandelt, teilweise übrigens recht kritisch. So wird die Bergsonsche Unterscheidung von »temps« und »durée«, der nach Analogie des Raumes vorgestellten und der erlebten Zeit, eine Unterscheidung, die von größtem Einfluß auf die zeitgenössische Theorie der Zeit war, von Scheler nicht geteilt. Aber Bergsons Philosophie habe »zur Welt die Geste der offenen, aufweisenden Hand, des frei und groß sich aufschlagenden Auges … Der Mensch, der hier philosophiert, hat weder die Angst, welche moderne Rechenhaftigkeit und den Berechnungswillen der Dinge gebiert, noch die stolze Souveränität des ›denkenden Rohres‹, die in Descartes und Kant Urquell … aller Theorien ist. Vielmehr umspült ihn bis in seine geistige Wurzel hinein der Strom des Seins wie ein selbstverständliches und schon als Seins-Strom selbst – von allem Inhalt abgesehen – wohltätiges Element«[9]. Bergsons Lebensphilosophie gründe in der Intuition und der Evidenz des in der Intuition Erfahrenen, unterscheide sich dadurch grundsätzlich vom Kritizismus der neuzeitlichen Philosophie und deren Suche nach Kriterien der Wirklichkeitserkenntnis, sei darin mit der »Phänomenologie« einig. Der Bergsonschen Philosophie des unmittelbaren Erlebens sei es dennoch gelungen, eine Verbindung zur biologischen Lebensproblematik herzustellen, insbesondere in dem »merkwürdigen Werke Bergsons«, der Schrift über die »évolution créatrice«[10].

Scheler erwartet allerdings die »volle Nutzung« der Antriebe, die Nietzsche, Dilthey und Bergson der Philosophie gegeben hatten, von der Schule der Phänomenologen, zu der er sich auch selber zählt. Von Lebensphilosophie und Phänomenologie gemeinsam werde sich eine »Umbildung der Weltanschauung« vollziehen. Von ihr erwartet Scheler viel, denn: »Sie wird sein wie der erste Tritt eines jahrelang in einem dunklen Gefängnis Hausenden in einen blühenden Garten«[11].

2. Georg Misch

Das von Scheler Erwartete trat allerdings zunächst nicht ein. Dilthey und Husserl gingen anfangs verschiedene Wege. Bei Heidegger aber,

---

[9] GW 3, S. 325.
[10] A. a. O., S. 336.
[11] A. a. O., S. 339.

dem neuaufgegangenen Stern der deutschen Philosophie, verbanden sich lebensphilosophische Ansätze, nicht zuletzt auch Bergsonsche, mit den Methoden der Phänomenologie. Der Dilthey-Schüler Misch (1878–1965) suchte in Auseinandersetzung mit Heideggers »Sein und Zeit« den darin vorhandenen lebensphilosophischen Momenten noch stärkere Geltung zu verschaffen. In seinem Buch »Lebensphilosophie und Phänomenologie. Eine Auseinandersetzung der Diltheyschen Richtung mit Heidegger und Husserl«, das aus einer Reihe von Aufsätzen entstanden und 1930 erstmals erschienen war[12], arbeitet Misch Unterschiede und Gemeinsamkeiten heraus. So stellt er fest, daß Heidegger zwar den Ausdruck ›Leben‹ vermeidet, aber etwa den Zeitbegriff in einer Weise verwendet, die der Lebensphilosophie nahesteht: »Wenn der Begriff ›Zeit‹ in einer Stellung auftritt, in der er nicht ein Phänomen unter andern, sondern ein dem metaphysischen ›Gegenstand‹ gleichgeordnetes Urphänomen bezeichnet, befinden wir uns dagegen im Umkreis der modernen sog. Lebensphilosophie«[13].

Misch weiß, daß Heidegger von der Scholastik und damit von der abendländischen Tradition der Philosophie herkommt. Ihm gehe es im Sinne dieser scholastischen Tradition um eine »Fundamentalontologie« mit dem für sie zentralen Begriff des Seins. In der Philosophie der Diltheyschen Richtung sei dagegen der Begriff des Lebens an die Stelle des Seinsbegriffs getreten. Den Heideggerschen Begriff des Seins mißversteht Misch allerdings gründlich, wenn er annimmt, daß sich dieser Begriff vom »ist« der Aussage ableite, und dann zu dem Bedenken kommt, ein solcher Seinsbegriff könne die Dynamik des Lebens nicht einfangen[14].

Grundsätzlich besteht Mischs Ziel darin, die Lebensphilosophie der Diltheyschen Richtung gegen die Phänomenologie und gegen Heideggers »Sein und Zeit« zu verteidigen, jedoch so, daß er vor allem auf die Gemeinsamkeiten hinweist. So knüpfe Heidegger hinsichtlich seiner Theorie der Geschichtlichkeit an Dilthey an, und die »existentiale Analytik des Daseins« entspreche der Diltheyschen »Selbstbesinnung, d.h. Analysis des inneren Lebenszusammenhanges«. Nach Heidegger besteht »das philosophisch Relevante« der geisteswissenschaftlichen Psychologie Diltheys darin, daß er »*vor* allem

[12] Leipzig – Berlin 1930. 2. Aufl. 1931, 3. Aufl. Darmstadt 1967.

[13] A. a. O., S. 3 f.

[14] A. a. O., S. 37 ff.

unterwegs war zur Frage nach dem ›Leben‹«[15]. Und auch Misch betont, daß »in allen philosophischen Systemen eine Deutung des menschlichen Lebens und eine dieser zugrunde liegenden ›Lebenserfahrung‹ von metaphysischem Gehalt das unbewußt Leitende und zugleich auch das kernhaft Wahre sei«[16]. Daß es zu einer Synthese zwischen Lebensphilosophie und Phänomenologie im Sinne Heideggers hätte kommen können, erscheint mir allerdings unwahrscheinlich, zumal der allein an einer solchen Synthese interessierte Misch als Jude im Jahre 1939 ins Ausland gehen mußte.

Eine besondere Leistung Mischs ist bisher wenig beachtet worden: seine Ansätze zu einer Erneuerung der Logik auf der Grundlage lebensphilosophischen Denkens. Vor allem in den Göttinger Vorlesungen über »Logik und Einleitung in die Theorie des Wissens« hat Misch sich um eine solche lebensphilosophische Logik bemüht. Diese Vorlesungen waren bis vor kurzem noch unveröffentlicht und dadurch kaum bekannt. Inzwischen ist aber wenigstens ihr zweiter, systematischer Teil von G. Kühne-Bertram und F. Rodi herausgegeben worden[17]. Misch deutet seine Absicht als eine wissenschaftstheoretische. Sein Ziel ist »gegenüber der traditionellen Beziehung der Logik auf Mathematik und Naturwissenschaften für die lebendige Art von Begriffen, die in den Geisteswissenschaften entspringen, wo das Erkennen im Verstehen vom Erlebnis aus erwächst, Raum zu schaffen in der Logik«[18]. Dabei soll der »erstarrte Logismus« der überlieferten Logik »von innen heraus« aufgelöst werden. Ausgangspunkt ist für den Diltheyschüler zunächst der Begriff des Verstehens sowie der damit zusammenhängende Begriff des Ausdrucks, denn das Verstehen ist »die Weise, wie uns etwas im Ausdruck Gegebenes zugänglich ist«[19]. Es gibt jedoch vielerlei Ausdrucksarten: mimischen Ausdruck, musikalischen Ausdruck, aber vor allem und besonders in der Logik, sprachlichen Ausdruck. Eine Lehre vom sprachlichen Ausdruck in Gestalt des realitätsbezogenen Wortes »liegt auf dem Wege von der Lebensphilosophie zur Logik«[20]. Auf diesen logischen Aspekt

---

15 Sein und Zeit, S. 46.

16 Lebensphilosophie, S. 6.

17 Der Aufbau der Logik auf dem Boden der Philosophie des Lebens. Freiburg – München 1994. Vgl. dazu auch die frühere Darstellung durch O. F. Bollnow in: Studien zur Hermeneutik II. Freiburg – München 1983, S. 46–193.

18 A.a.O., S. 71.

19 A.a.O., S. 73.

20 A.a.O., S. 75.

der Mischschen Lebensphilosophie hat O. F. Bollnow, Schüler von Misch, mehrfach hingewiesen. Die Rezeption und Diskussion der von Misch entworfenen Logik wird ergeben, daß die Lebensphilosophie nicht mehr ohne weiteres mit Prädikaten wie »Irrationalismus« abgetan werden kann.

3. Philipp Lersch

Philipp Lersch (1898–1972) ist vor allem als Psychologe und Charakterologe bekanntgeworden. Sein Buch »Aufbau der Person«, 1938 unter dem Titel »Der Aufbau des Charakters« erschienen, erlebte bis 1970 immerhin elf Auflagen. Schon in diesem Buch bemüht sich Lersch darum, Psychologie und Philosophie nicht völlig zu trennen. Außerdem hat er auch rein philosophische Arbeiten veröffentlicht. Zu ihnen gehört die kleine, aber gehaltvolle Schrift über »Lebensphilosophie der Gegenwart«[21]. Etwas später hat er noch einen Aufsatz mit dem Titel »Grundsätzliches zur Lebensphilosophie« geschrieben[22].

Nach Lersch ist der Begriff des Lebens im 20. Jahrhundert »zu einem Zentralbegriff des philosophischen Denkens geworden in demselben Sinne, in dem in der Antike das Sein, im Mittelalter der theistische Gottesbegriff, in der Renaissance die Natur, in der klassischen deutschen Philosophie das Naturgesetz und in der romantischen Periode das Ich philosophische Zentralbegriffe waren«[23]. Das Wort Lebensphilosophie habe verschiedene Bedeutungen: Philosophie für das Leben, Philosophie über den Sinn des Lebens, Philosophie über die Lebensvorgänge, Philosophie des Erlebens. Aber nur in diesem letztgenannten Sinne will Lersch den Begriff der Lebensphilosophie verwenden.

Gemeinsam sei dieser Lebensphilosophie der Ansatz beim Emotionalen und die Ablehnung der Vorherrschaft des rational-diskursiven Denkens[24]. In den folgenden Kapiteln werden dann einzelne lebensphilosophische Denker vorgestellt: Bergson unter dem Aspekt »Innen und Außen«[25], Dilthey und Spengler unter dem Aspekt »Ge-

---

[21] Berlin 1932.

[22] Blätter für deutsche Philosophie 10 (1937), S. 22–55.

[23] Lebensphilosophie der Gegenwart, S. 1.

[24] A. a. O., S. 4 ff.

[25] A. a. O., S. 9–25.

schichte und Natur«[26], Simmel unter dem Aspekt »Leben und Form«[27], Klages unter dem Aspekt »Seele und Geist«[28]. In einem abschließenden Kapitel wird die Lebensphilosophie als geistesgeschichtliche Erscheinung erörtert, wobei Lersch auf Zeitgenossen wie Scheler, Graf Yorck von Wartenburg, Frischeisen-Köhler, Graf Keyserling, Edgar Dacqué, Theodor Lessing, vor allem aber auf die Romantiker Novalis und Schelling, auf Schopenhauer und Nietzsche als Vorläufer und Wegbereiter hinweist. Sogar Hegel wird hier eingereiht: »Hegels Logik ist eine Metaphysik des Werdens«[29].

Lersch will nämlich die Lebensphilosophie nicht vom Seinsgedanken abtrennen. Allerdings stimmt er vielen lebensphilosophischen Lehren zu, etwa dem Bergsonschen Begriff der Dauer[30] oder in der Gegenüberstellung von Intellekt und Intuition[31]. Spengler ist nach Lersch »einer der erklärtesten Vertreter der modernen Lebensphilosophie«, doch muß ihm »Blindheit für die ontologische Fragestellung« vorgeworfen werden[32].

4. Otto Friedrich Bollnow

Bollnow (1903–1991) war Schüler von Misch, als dieser noch in Deutschland lehren durfte. Bedingt durch die Zeitumstände hat Bollnow aber zunächst Physik studiert und dieses Studium auch durch die Promotion bei Max Born abgeschlossen. Das danach aufgenommene Philosophiestudium stand von Anfang an unter dem Eindruck der Begegnung mit der Jugendbewegung, deren Grundgedanken zu der damals aufgekommenen Lebensphilosophie hinführten. So behandelt denn auch die Göttinger Habilitationsschrift Bollnows ein Thema dieser Richtung: »Die Lebensphilosophie F. H. Jacobis«[33]. In einem Gespräch aus dem Jahre 1983 hat sich Bollnow zur Wahl dieses Themas geäußert und dabei zwei Gründe angeführt: »Auf der einen Seite

26 A. a. O., S. 25–47.

27 A. a. O., S. 47–60.

28 A. a. O., S. 60–75.

29 A. a. O., S. 91.

30 A. a. O., S. 204: in der Dauer »erfahren wir unser eigenes Leben innerlich«.

31 A. a. O., S. 181: »Der Intellekt schreitet den Gegenstand von außen ab, ins Innere des Lebens dagegen würde die Intuition … führen«.

32 A. a. O., S. 42.

33 Stuttgart 1933.

die in der Jugendbewegung zum Durchbruch gekommene Lebensproblematik, das Verlangen nach einem echten und ursprünglichen Leben. Auf der anderen Seite Nohls Vorlesung über die von ihm so genannte Deutsche Bewegung, d.h. die deutsche Geistesgeschichte zwischen 1770 und 1830, ... und die Erkenntnis, daß damals schon dieselben Probleme durchgelebt und durchformuliert wurden, die dann in der Jugendbewegung und überhaupt in der Lebensphilosophie des späten 19. und frühen 20. Jahrhunderts wieder aufbrachen«[34]. So stellt also Bollnow in seiner Habilitationsschrift Jacobi als frühen Lebensphilosophen vor, der freilich auf halben Wege stehengeblieben sei: »Er war im Kampf gegen die Schultradition zu einer Philosophie des Lebens vorgestoßen wie kaum ein anderer, aber es ist ihm nicht gelungen, auf diesem Wege wirklich zu Ende zu gehen«[35].

Die Gedanken des Jacobi-Buches führte Bollnow dann weiter in seinem Buch: »Dilthey. Eine Einführung ein seine Philosophie«[36]. Ganz im Sinne Mischs, der damals als Jude nichts mehr veröffentlichen durfte und, wie schon erwähnt, wenige Jahre später emigrierte, wird in dem genannten Buch Dilthey als Lebensphilosoph dargestellt, der freilich niemals, wie manch andere Lebensphilosophen, in einen verstandesfeindlichen Irrationalismus verfalle[37].

Schon Misch hatte sich in seinem Buch über »Lebensphilosophie und Phänomenologie« eingehend mit Heidegger beschäftigt. Noch stärker scheint der Eindruck von »Sein und Zeit« auf Bollnow gewesen zu sein. Von da an verbinden sich bei ihm Lebensphilosophie und Existenzphilosophie (denn in diesem Sinne versteht er Heideggers Philosophie). Von der Erfahrung, die er mit »Sein und Zeit« machte, hat Bollnow später bemerkt: »hier trat dem, was von der lebensphilosophischen Seite her in einer gewissen Unverbindlichkeit geblieben war, jedenfalls dahin neigte, etwas Absolutes, Festes entgegen, das gewaltsam in das Leben eingriff«[38]. So bedeutend auch die Heideggersche Philosophie für Bollnows eigenes Denken wurde, so blieb doch ein unverstandener Rest: Heideggers ontologischer Ansatz fand bei Bollnow von seinem »Lebensverständnis her« kein wirkliches Verständnis. In dem 1941 erschienenen Buch »Das Wesen der Stim-

---

34 Bollnow im Gespräch, S. 18.

35 Die Lebensphilosophie F. H. Jacobis, S. 15.

36 Leipzig 1936.

37 A.a.O., S. 28.

38 O. F. Bollnow im Gespräch, S. 24.

mungen« sucht er sogar den »gedrückten Stimmungen«, die bei Heidegger und anderen Existenzphilosophen vorherrschen, »gehobene Stimmungen« an die Seite zu stellen. Der Seinsgedanke der Heideggerschen Philosophie aber wird nicht ernsthaft in Betracht gezogen.

Wenige Jahre später veröffentlicht Bollnow dann eine Darstellung der Existenzphilosophie. Von ihr heißt es: »Man versteht diese philosophische Bewegung am besten als Radikalisierung des ursprünglichen lebensphilosophischen Ansatzes«[39]. Bollnow scheint aber weiter der Lebensphilosophie treu bleiben zu wollen, wenn er nämlich über die Existenzphilosophie schreibt: »Aber sie drängt zugleich von innen heraus notwendig über sich selbst hinaus zu einer umfassenderen Lebensdeutung, die dann selber nicht mehr von der ›reinen‹ Existenzphilosophie aus erfaßt werden kann«[40]. Man kann sagen, daß Bollnow immer zwischen den beiden Polen einer Existenzphilosophie (ohne deren ontologischen Grund) und einer Lebensphilosophie der Diltheyschen Richtung hin und her gegangen ist, mal mehr der einen, dann wieder der anderen Richtung zuneigend. Aber er ist weder Lebensphilosoph noch Existenzphilosoph, sondern Deuter dieser Tendenzen, jedoch engagierter Deuter.

Das deutet sich auch in den Titeln der Veröffentlichungen nach dem zweiten Weltkrieg an. 1955 erscheint: »Neue Geborgenheit. Das Problem einer Überwindung des Existentialismus«, 1958 wieder »Die Lebensphilosophie«, 1959 »Existenzphilosophie und Pädagogik. Versuch über unstetige Formen der Erziehung«, 1965 »Französischer Existentialismus«, schließlich 1982 und 1983 die »Studien zur Hermeneutik«. In der Darstellung der Lebensphilosophie versucht Bollnow, »durch eine tiefer ansetzende Analyse über den scheinbar unüberbrückbaren Gegensatz von Lebensund Existenzphilosophie hinweg und dadurch erst wirklich ins Freie zu kommen«[41]. Der bleibende Ertrag der Lebensphilosophie liege darin, »daß das Bild des Menschen und der Welt unter dem Einfluß der Lebensphilosophie und allgemein der modernen irrationalen Bewegung in einem früher nicht zu ahnenden Ausmaß erweitert und vertieft worden ist«[42].

Schon in der Schrift über das Wesen der Stimmungen tritt ein drittes Thema bei Bollnow hervor: die philosophische Lehre vom

---

[39] Zuerst Stuttgart 1943, S. 3.
[40] A.a.O., S. 8.
[41] Die Lebensphilosophie, S. 2.
[42] A.a.O., S. 141.

Menschen. Wichtige Publikationen zu diesem Thema sind: »Mensch und Raum«[43], die »Beiträge zur pädagogischen Anthropologie« mit dem Obertitel »Krise und neuer Anfang«[44] und »Das Verhältnis zur Zeit. Ein Beitrag zur pädagogischen Anthropologie«[45].

43 Stuttgart 1963.
44 Heidelberg 1966.
45 Heidelberg 1972.

5. Kritik

So lebhaft zu Beginn des 20. Jahrhunderts das Interesse an der Lebensphilosophie war, gerade auch in breiteren Kreisen, so traten doch schon bald auch heftige Gegner der neuen philosophischen Tendenz auf. Die beiden wichtigsten sind Heinrich Rickert und Georg Lukács.

1. Heinrich Rickert

Der Neukantianer Rickert (1873–1936) hatte 1920 ein Buch mit dem Titel veröffentlicht: »Die Philosophie des Lebens. Darstellung und Kritik der philosophischen Modeströmungen unserer Zeit.« Der Verfasser will dabei zeigen, »daß man beim Philosophieren über das Leben mit dem Leben allein nicht auskommt«[1]. Er vermutet deshalb schon gleich, »daß wir am Ende der Philosophie des bloßen Lebens stehen«[2]. Er hat dabei sogar Recht behalten, denn schon in Heideggers »Sein und Zeit« wird der Begriff des Lebens durch den Seinsbegriff ersetzt.

Die Rickert bekannte Lebensphilosophie wird von ihm sehr ironisch beschrieben, als »Modephilosophie« abgetan und wegen ihrer »Prinzipienlosigkeit«, ihres »Intuitionismus« und »Biologismus« angegriffen. Obwohl nur von »weitverbreiteten Gedanken, nicht von einzelnen Denkerpersönlichkeiten« die Rede sein soll, werden als wichtigste moderne Lebensphilosophen Nietzsche, Bergson (»der eigentliche Philosoph des Lebens«), Simmel und Dilthey genannt[3]. Der Ausdruck ›Leben‹ gilt als vieldeutiges »Modeschlagwort«, der Ausdruck ›Erleben‹ sei völlig abgegriffen[4]. Der Haupteinwand Rickerts besteht darin, daß Erlebnis und Erkenntnis etwas völlig Verschiede-

[1] A. a. O., Vorwort S. III.
[2] A. a. O., S. IV.
[3] A. a. O., S. 19ff.
[4] A. a. O., S. 5, S. 7.

nes seien: »Das bloße Erleben des Lebens ist kein Erkennen des wirklichen Lebens«[5]. Denn: »Das Leben als das unmittelbar Reale läßt sich nur erleben. Es spottet als unmittelbares Leben jedem Erkenntnisversuch«[6]. Daher wendet sich Rickert besonders gegen den Bergsonschen Intuitionismus, der die Philosophie vom Verstandesdenken loslösen wolle und nicht zu Prinzipien gelange. Denn »der ganzen Fülle aller Erlebnisse oder Erlebnisinhalte, die sich intuitiv erfassen lassen, wird niemand Herr … Die Philosophie braucht Prinzipien, die gliedern und gestalten«[7]. Mit anderen Worten: die Philosophie kann das systematische Denken nicht aufgeben. Und: »Als Forscher haben wir das Leben begrifflich zu beherrschen und zu befestigen und müssen daher aus der bloß lebendigen Lebenszappelei heraus zur systematischen Weltordnung. Deshalb ist die moderne Lebensphilosophie … wissenschaftlich zu bekämpfen«[8].

Neben Prinzipienlosigkeit und Intuitionismus wirft Rickert der Lebensphilosophie auch Biologismus vor, denn man meine »die Biologie sei mit ihren Lebensformen dazu berufen, die Begriffe für die gesamte Philosophie zu liefern und damit eine Philosophie des Lebens als universale Wissenschaft nach allen Seiten hin auszubauen«[9]. Nietzsche, Bergson und ebenfalls Scheler seien diesem Biologismus verfallen. Man könnte natürlich fragen, ob dieser Vorwurf berechtigt sei und ob nicht in der Berufung auf die Biologie sogar Ansätze zu systematischem Denken lägen, doch gehen wir hier diesen Fragen nicht weiter nach, da die Rickertsche Verstandesphilosophie die Lebensphilosophie nur von außen zu betrachten vermag.

Überraschend wirkt dann das abschließende elfte Kapitel, in welchem der Neukantianer der Lebensphilosophie doch noch eine gewisse Berechtigung zuspricht. So habe der Intuitionismus Bergsons zu einer Kritik rationalistischer Dogmen geführt, und Nietzsche habe tiefe Einblicke in die Ursprünglichkeit des Lebens ermöglicht. Und: »Wo die Philosophie nicht allein glaubt, mit dem Verstand die Welt denken zu müssen, was berechtigt ist, sondern wo sie alles so zu denken sucht, daß sie dabei nicht mehr die Welt, sondern nur noch das Denken denkt oder den Verstand versteht, da sind die Philosophen

---

[5] A. a. O., S. 113.
[6] A. a. O., S. 114.
[7] A. a. O., S. 61.
[8] A. a. O., S. 155.
[9] A. a. O., S. 75.

des Lebens in vollem Recht, wenn sie sagen: die Welt ist unendlich viel mehr als das, was restlos in die Begriffe des Verstandes eingeht«[10]. Im Grunde scheint Rickert selbst so etwas wie eine Lebensphilosophie liefern zu wollen, nur muß diese für ihn, den Wertphilosophen, sich mit einer Wertphilosophie verbunden haben. Denn: »Lebendiges Leben wird immer zugleich wertendes Leben sein. Daher führt das Lebensproblem notwendig zum Wertproblem und damit zu der Frage der Philosophie, die als die wichtigste von allen in unserer Zeit gestellt werden kann«[11]. Wenn man nun mit Rickert das Wertproblem mitberücksichtigt, so läßt sich auch wieder systematisch philosophieren: »Was endlich die Frage des Systems betrifft, so bedarf sie keiner längeren Erörterung mehr. Überall bilden die Werte die Basis der richtig verstandenen Lebensphilosophie, und deren systematische Gliederung hängt daher von der systematischen Ordnung der Werte ab. Ein System der Philosophie des Lebens läßt sich daher nur auf Grund eines Systems der Werte errichten«[12].

2. Georg Lukács

Die heftigste, aber auch unsachlichste Kritik der Lebensphilosophie stammt aus der Feder des Marxisten Georg Lukács (1885–1971). Der aus einer 1901 geadelten jüdischen Familie Stammende hatte nach seiner Promotion in Budapest 1909 mehrere europäische Länder bereist, insbesondere auch Deutschland, und bei Simmel und später noch bei Rickert Vorlesungen gehört. Jahrelanges Marx-Studium führte 1918 zum Eintritt in die kommunistische Partei Ungarns. Die Theorien des Marxismus und Leninismus bestimmten von da an immer stärker das Lukácssche Denken.

Das gilt nun ebenso für das zuerst 1954 veröffentlichte Buch »Die Zerstörung der Vernunft«, in welchem Lukács vom Standpunkt eines orthodoxen Marxisten geradezu wütende Kritik an der Lebensphilosophie übt. Schon bei Nietzsche, der als »Begründer des Irrationalismus der imperialistischen Periode« geschildert ist, wird behauptet, »daß sein ganzes Lebenswerk eine fortlaufende Polemik gegen

---

[10] A. a. O., S. 176.
[11] A. a. O., S. 185.
[12] A. a. O., S. 193.

den Marxismus, gegen den Sozialismus ist«[13]. Die Lebensphilosophie wird dann als Vorbereitung und schließlich sogar als Ausarbeitung des Nationalsozialismus verstanden, der bei Lukács immer als »Faschismus« bezeichnet wird (wohl um die totalitären Gemeinsamkeiten zwischen Nationalsozialismus und Kommunismus zu verschleiern). Für den Marxisten Lukács ist die Geschichte der Philosophie keineswegs nur durch die philosophischen Probleme bestimmt. Diese werden nach seiner Ansicht vielmehr »von der Entwicklung der Produktivkräfte, von der gesellschaftlichen Entwicklung, von der Entfaltung der Klassenkämpfe« gestellt[14]. Die Lebensphilosophie wird daher unter dem politischen Aspekt des Imperialismus gesehen. Sie gilt als »Versuch, vom Standpunkt der imperialistischen Bourgeoisie und ihrer parasitären Intelligenz jene Fragen philosophisch zu beantworten, die von der gesellschaftlichen Entwicklung, von den neuen Formen des Klassenkampfes gestellt wurden«[15].

Das wird nun auch im einzelnen so dargestellt. Dilthey erscheint als »Begründer der imperialistischen Lebensphilosophie«[16]. Simmel sei »im Kampf gegen die philosophischen und sozialen Konsequenzen des historischen Materialismus groß geworden«[17]. Bei ihm, der übrigens noch am besten wegkommt, wird Positivismus, Subjektivismus, Relativismus und natürlich Idealismus gefunden. Bei Spengler habe sich die Lebensphilosophie »zu einer Weltanschauung der militanten Reaktion« entwickelt[18]. Scheler, den Lukács noch zu den Lebensphilosophen selbst rechnet, habe die Husserlsche Phänomenologie »in den großen Strom des lebensphilosophischen Irrationalismus« hineingeführt[19]. Noch näher kommt in der Darstellung bei Lukács der »Aschermittwoch des parasitären Subjektivismus«, unter welcher Überschrift Heidegger und Jaspers kritisiert werden[20]. Beiden Philosophen wirft ausgerechnet der Marxist-Leninist Lukács antidemokratisches Denken vor: »Schon bei Heidegger sehen wir eine deutlich antidemokratische Tendenz: die mythische, ›phänomenologische‹ Fi-

[13] Werke 9, S. 273. Vgl. dazu H. Ottmann: Anti-Lukács. Eine Kritik der Nietzsche-Kritik von Georg Lukács. In: Nietzsche-Studien 13 (1984), S. 570–586.

[14] A.a.O., S. 9.

[15] A.a.O., S. 352.

[16] A.a.O., S. 363–386.

[17] A.a.O., S. 386.

[18] A.a.O., S. 415.

[19] A.a.O., S. 416f.

[20] A.a.O., S. 428–458.

gur des ›Man‹ ist eine karikaturhafte Konzentration jener ›Anonymität‹ und jener ›Verantwortungslosigkeit‹, in denen die reaktionäre Publizistik seit jeher das Hauptmerkmal einer jeden Demokratie erblickt hat. Bei Jaspers steigert sich diese Tendenz zum äußersten Philistertum: nur beim ›innerlich‹ gewordenen, rein auf sich gestellten Individuum im intellektuellen Philister, der jedes öffentliche Leben ablehnt) ist nach seiner Auffassung Wahrheit, Echtheit und Menschlichkeit zu finden: jeder Einfluß der Massen erscheint – in echt deutsch-spießbürgerlicher Art – als Unwahrhaftigkeit, als Barbarei«[21]. Sowohl Heidegger als auch Jaspers gelten nach solchen Interpretationen und ganz allgemein vom »Sachgehalt ihrer Philosophie« her als »Wegbereiter des faschistischen Irrationalismus«[22]. Den Höhepunkt dieser Entwicklung bildet dann die »präfaschistische und faschistische Lebensphilosophie«[23], welche »die bisherigen Tendenzen zu Ende führt und auf die Spitze treibt«[24]. Als Vertreter dieses Endstadiums werden angeführt: Klages, Ernst Jünger (bei dem man freilich fragen kann, ob er zu den Lebensphilosophen gehört), Alfred Baeumler (zweifellos Nationalsozialist, aber doch wohl kein Lebensphilosoph: seine Arbeiten zur Ästhetik Kants und Hegels weisen ihn als Historiker der neuzeitlichen Philosophie aus), der heute wenig bekannte Franz Böhm mit seinem »Anticartesianismus«, Krieck (der gewiß kein Lebensphilosoph war, aber mit seiner Aufsatzsammlung aus dem Jahre 1938 »Das Leben als Prinzip der Weltanschauung und Problem der Wissenschaft« sich wohl der Bewegung der Lebensphilosophie anschließen wollte) und schließlich als Höhepunkt, um nicht zu sagen, Tiefpunkt: Alfred Rosenberg, den unter die Lebensphilosophen einzureihen eine Beleidigung der Philosophie darstellt. Aber Lukács möchte sogar Hitler in eine Verbindung mit der Lebensphilosophie bringen: Hitlers Argumentation sei »inhaltlich aus demselben Boden gewachsen, aus dem die Lebensphilosophie entstand«, und die allgemeine Atmosphäre seiner Agitation sei eine »populär-vulgäre Ausgabe der grundlegenden Tendenzen der Lebensphilosophie: er lehnt in der Agitation jede verstandesmäßige Überzeugung ab, es

21 A. a. O., S. 454.

22 A. a. O., S. 458.

23 A. a. O., S. 458–473.

24 A. a. O., S. 470.

handelt sich für ihn nur darum, einen Rausch zu erzeugen und aufrechtzuerhalten«[25].

Es ist schwer zu verstehen, daß eine dermaßen billige und plumpe Darstellung der deutschen Lebensphilosophie bei uns ernstgenommen und Lukács 1970 sogar mit dem Goethepreis der Stadt Frankfurt ausgezeichnet werden konnte. Jedoch hat die Darstellung der Lebensphilosophie durch den ungarischen Marxisten nicht unerheblichen Einfluß gehabt. Einesteils breitete sich zunächst ein großes Schweigen über die lebensphilosophische Thematik bei uns aus, andererseits nahmen später andere Autoren die Lukácssche Kritik teilweise auf. So greift H.-J. Lieber bei einem Versuch, das Verhältnis zwischen der deutschen Philosophie und dem Nationalsozialismus zu klären, auf die deutsche Lebensphilosophie zurück[26]. Die lebensphilosophische Kritik an Rationalismus und Aufklärung und ihre behauptete Absage an gesellschaftlich-politische Praxis gelten als Beweis für die Vorbereitung des Nationalsozialismus[27].

Noch überraschender ist, daß der Nichtmarxist Hans Michael Baumgartner bei der Lebensphilosophie einen Zusammenhang mit der Geschichte des »politischen Bewußtseins« herstellt und als Beleg für »die Affinität der Lebensphilosophie zum Imperialismus« auf »die interessante, wenngleich einseitige Arbeit von G. Lukács« hinzuweisen für nötig hält[28]. Neben einer »konservativen Haltung« wird der Lebensphilosophie vorgehalten, »zur Zerstörung der politischen Vernunft« beigetragen zu haben, weil nämlich in dem »gleichsam aristokratischen Charakter« des Schauens und Verstehens eine »Affinität zum politischen Antidemokratismus« liege, der in der Zeit der allmählichen Demokratisierung »fast zwangsläufig zu einer politischen Enthaltsamkeit und Resignation von der Gegenwart« fuhren müsse[29].

An solchen Formulierungen wird deutlich, wie weit vor noch nicht allzulang zurückliegender Zeit manche Philosophiehistoriker vom Verständnis lebensphilosophischen Denkens entfernt waren. Ausgerechnet bei der Lebensphilosophie »konservative Haltung« zu finden, ist schon ein beachtliches Mißverständnis, wenn man an die vielen Texte denkt, in denen immer wieder betont wird, daß man das

---

25 A. a. O., S. 472.

26 Kulturkritik und Lebensphilosophie, S. 106.

27 A. a. O., S. 111, 116, 118 f., 126 f.

28 Bilanz der Theologie im 20. Jahrhundert, S. 290–296. Hier: S. 292.

29 A. a. O., S. 295.

Alte überwinden und Neues zustandebringen wolle. Ferner haben Intuition und Verstehen, die doch etwas wesenhaft Menschliches darstellen und grundsätzlich jedermann zugehören, keineswegs »aristokratischen Charakter«. Deshalb liegt in ihnen auch keine »Affinität zum politischen Antidemokratismus« und erst recht nicht eine Neigung zu »politischer Enthaltsamkeit und Resignation vor der Gegenwart«. Es gehört vielmehr gerade zu der Lebensphilosophie, daß sie auch im politischen Leben ihres Zeitalters wirken wollte, wie wir schon in unserer Einleitung im Anschluß an Dilthey und Ulmer hervorgehoben haben.

Bibliographie

I. Allgemeine Literatur

0.1 Baumgartner, H. M.: Lebensphilosophie. In: H. Vorgrimler – R. van den Gucht: Bilanz der Theologie des 20. Jahrhunderts. Bd. I. Freiburg i. Br. 1969, 290–296.
0.2 Lieber, H. J.: Kulturkritik und Lebensphilosophie. Darmstadt 1974.
0.3 Pflug, G.: Lebensphilosophie. In: Historisches Wörterbuch der Philosophie. Bd. V. Basel 1980, 135–140.
0.4 Albert, K.: Lebensphilosophie. In: Theologische Realenzyklopädie. Bd. XX. Berlin und New York 1990, 580–594.
0.5 Fellmann, F.: Lebensphilosophie. Elemente einer Theorie der Selbsterfahrung. Reinbek bei Hamburg 1993.
0.6 Jain, E.: Das Prinzip Leben. Lebensphilosophie und Ästhetische Erziehung. Frankfurt a. M. 1993.

II. Quellenliteratur

1.1 *Friedrich Schlegel*
1.1.1 –: Philosophie des Lebens. In: Kritische Ausgabe (KA). Bd. 10. Hg. von E. Behler. München – Paderborn – Wien 1969, 1–307.
1.1.2 –: Über die Sprache und Weisheit der Indier. In: KA Bd. 8, 105–433.

1.2 *Arthur Schopenhauer*
1.2.1 –: Briefwechsel. Bd. I. Hg. von C. Gebhardt. München 1929, Bd. II–III. Hg. von A. Hübscher. München 1933–1942.
1.2.2 –: Sämtliche Werke. Hg. von Arthur Hübscher. Leipzig 1938 ff.

1.3 *Jean-Marie Guyau*
1.3.1 –: Philosophische Werke in Auswahl. Hg. von E. Bergmann. Bd. I–III. Leipzig 1912–1914.
1.3.2 –: Die Entstehung des Zeitbegriffs. Cuxhaven 1993.

2.1 *Friedrich Nietzsche*
2.1.1 –: Kritische Studienausgabe (KSA). Hg. von G. Colli und M. Montinari. Berlin 1967–1977.

2.1.2 –: Briefwechsel. Kritische Gesamtausgabe (KGB). Hg. von G. Colli und M. Montinari. Berlin und New York 1975 ff.

2.2 *Wilhelm Dilthey*
2.2.1 –: Das Erlebnis und die Dichtung. Lessing, Goethe, Novalis, Hölderlin. Leipzig 1906.
2.2.2 –: Gesammelte Schriften. Leipzig – Stuttgart – Göttingen 1914 ff.

2.3 *Henri Bergson*
2.3.1 –: Ecrits et Paroles. Hg. von R.-M. Mossé-Bastide. Bd. I–III. Paris 1957–1959.
2.3.2 –: Zeit und Freiheit. Eine Abhandlung über die unmittelbaren Bewußtseinstatsachen. Jena 1911.

3.1 *Georg Simmel*
3.1.1 –: Schopenhauer und Nietzsche. Leipzig 1907.
3.1.2 –: Hauptprobleme der Philosophie. Berlin 1910.
3.1.3 –: Lebensanschauung. Vier metaphysische Kapitel. München – Leipzig 1918, [2]1922.
3.1.4 –: Henri Bergson. In: Zur Philosophie der Kunst. Potsdam 1922, 126–145.

3.2 *Theodor Lessing*
3.2.1 –: Schopenhauer, Wagner, Nietzsche. Eine Einführung in die moderne Philosophie. Leipzig 1907.
3.2.2 –: Philosophie als Tat. Göttingen 1914.
3.2.3 –: Europa und Asien. Untergang der Erde am Geist. Hannover 1918, Leipzig [5]1930.
3.2.4 –: Geschichte als Sinngebung des Sinnlosen. München 1919, [4]1927.
3.2.5 –: Die verfluchte Kultur. Gedanken über den Gegensatz von Leben und Geist. München 1921.

3.3 *Ludwig Klages*
3.3.1 –: Vom kosmogonischen Eros. Leipzig 1922, Bonn [8]1981.
3.3.2 –: Die psychologischen Errungenschaften Nietzsches. Leipzig 1926.
3.3.3 –: Der Geist als Widersacher der Seele. Bd. I–III. Leipzig 1929–1932, Bonn [6]1981.
3.3.4 –: Sämtliche Werke. Hg. von E. Frauchinger u. a. Bonn 1964 ff.

3.4 *August Messer*
3.4.1 –: Die freideutsche Jugendbewegung von 1913–1923. Langensalza 1915, [5]1924.
3.4.2 –: Lebensphilosophie. Leipzig 1931.

3.5 *Oswald Spengler*
3.5.1 –: Der Untergang des Abendlandes. Umrisse einer Morphologie der Weltgeschichte. Bd. I–II. München 1918–1922, [2]1923.

3.5.2 –: Der Mensch und die Technik. Beitrag zu einer Philosophie des Lebens. München 1931.

3.6 *Hermann Graf Keyserling*
3.6.1 –: Das Reisetagebuch eines Philosophen. Bd. I–II. Darmstadt 1919.
3.6.2 –: Schöpferische Erkenntnis. Darmstadt 1922.
3.6.3 –: Südamerikanische Meditationen. Stuttgart 1932.
3.6.4 –: Das Buch vom Ursprung. Bühl – Baden 1947.

3.7 *Ortega y Gasset*
3.7.1 -:Der Aufstand der Massen. Stuttgart 1931.
3.7.2 –: Gesammelte Werke. Bd. I–VI. Stuttgart 1978.

4.1 *Max Scheler*
4.1.1 –: Gesammelte Werke. Hg. von M. Scheler und M. S. Frings. Bern – München 1954 ff.
4.1.2 –: Versuche einer Philosophie des Lebens. Nietzsche – Dilthey – Bergson. In: Gesammelte Werke Bd. III. Bern und München 1955, 311–339 (zuerst in: Die weißen Blätter 1, 1913).

4.2 *Georg Misch*
4.2.1 –: Lebensphilosophie und Phänomenologie. Eine Auseinandersetzung der Diltheyschen Richtung mit Heidegger und Husserl. Bonn 1930, Darmstadt ^{3}1967.
4.2.2 –: Der Aufbau der Logik auf dem Boden der Philosophie des Lebens. Hg. von G. Kühne-Bertram und F. Rodi. Freiburg – München 1994.

4.3 *Philipp Lersch*
4.3.1 –: Lebensphilosophie der Gegenwart. Berlin 1932.
4.3.2 –: Seele und Welt. Leipzig 1941.

4.4 *Otto Friedrich Bollnow*
4.4.1 –: Die Lebensphilosophie F. H. Jacobis. Stuttgart 1933.
4.4.2 –: Die Lebensphilosophie. Berlin 1958.

5.1 *Heinrich Rickert*
5.1.1 –: Die Philosophie des Lebens. Darstellung und Kritik der philosophischen Modeströmungen unserer Zeit. Tübingen 1920.
5.2.2 –: Grundprobleme der Philosophie. Tübingen 1934.

5.2 *Georg Lukács*
5.2.1 –: Der deutsche Faschismus und Nietzsche. In: Internationale Literatur 12 (1943), 55–64.
5.2.2 –: Die Zerstörung der Vernunft. Der Weg des Irrationalismus von Schelling zu Hitler. Berlin 1953 (Darin: Die Lebensphilosophie im imperialistischen Deutschland, 351–473).

III. Sekundärliteratur

1.1 *Friedrich Schlegel*

1.1.1 Feifel, R.: Die Lebensphilosophie Friedrich Schlegels und ihr verborgener Sinn. Bonn 1938.

1.1.2 Deubel, V.: Die Friedrich-Schlegel-Forschung (1945–1972). In: Deutsche Vierteljahresschrift für Literaturwissenschaft und Geistesgeschichte 47 (1973), Sonderheft 48–181.

1.2 *Arthur Schopenhauer*

1.2.1 Hübscher, A.: Schopenhauer-Bibliographie. Stuttgart – Bad Cannstatt 1981.

1.2.2 Safranski, R.: Schopenhauer und Die wilden Jahre der Philosophie. Eine Biographie. München – Wien 1987.

1.2.3 Spierling, V. (Hg.): Schopenhauer im Denken der Gegenwart. 23 Beiträge zu seiner Aktualität. München 1987.

1.3 *Jean-Marie Guyau*

1.3.1 Fouillée, A.: La doctrine de la vie chez Guyau, son unité et sa portée. In: Revue de Métaphysique et de Morale 14 (1906), 514–544.

1.3.2 Bergmann, E.: Die Philosophie Guyaus. Leipzig 1912.

1.3.3 Pfeil, H.: Jean-Marie Guyau und die Philosophie des Lebens. Augsburg 1928.

1.3.4 Hablitzel, H.: Lebensphilosophie und Recht bei Jean-Marie Guyau. In: M. Just u. a. (Hgg.): Recht und Rechtsbesinnung. Berlin 1987, 61 ff.

2.1 *Friedrich Nietzsche*

2.1.1 Lessing, Th.: Nietzsche. Berlin 1925.

2.1.2 Löwith, K: Nietzsches Philosophie der ewigen Wiederkehr des Gleichen. Stuttgart 1956.

2.1.3 Fink, E.: Nietzsches Philosophie. Stuttgart 1960.

2.1.4 Heidegger, M.: Nietzsche. Bd. I–II. Pfullingen 1961.

2.1.5 Ulmer, K.: Nietzsche. Einheit und Sinn seines Werkes. Bern 1962.

2.1.6 Volkmann-Schluck, K.-H.: Leben und Denken. Interpretationen zur Philosophie Nietzsches. Frankfurt a. M. 1968.

2.1.7 Müller-Lauter, W.: Nietzsche. Seine Philosophie der Gegensätze. Berlin 1971.

2.1.8 Ottmann, H.: Philosophie und Politik bei Nietzsche. Berlin – New York 1987.

2.1.9 Meyer, Th.: Nietzsche. Kunstauffassung und Lebensbegriff. Tübingen 1991.

2.2 *Wilhelm Dilthey*

2.2.1 Bollnow, O. F.: Dilthey. Eine Einführung in seine Philosophie. Leipzig 1936, Stuttgart [2]1955.

2.2.2 Misch, G.: Vom Lebens- und Gedankenkreis Wilhelm Diltheys. Frankfurt a. M. 1947.
2.2.3 Ulmer, K.: Der Ausbruch aus der Universitätsphilosophie. Eine Erinnerung an die Grundintention des Gesamtwerkes von Wilhelm Dilthey. In: Philosophische Perspektiven 4 (1978), 379–416.

2.3 *Henri Bergson*
2.3.1 Keller, A.: Eine Philosophie des Lebens. Henri Bergson. Jena 1914.
2.3.2 Delhomme, J.: Durée et vie dans la philosophie de Bergson. In: Etudes bergsoniennes 2 (1949), 127–191.
2.3.3 Pflug, G.: Henri Bergson. Quellen und Konsequenzen einer induktiven Metaphysik. Berlin 1959.
2.3.4 Romanos, K. P.: Heimkehr. Henri Bergsons lebensphilosophische Ansätze zur Heilung von erstarrtem Leben. Frankfurt a. M. 1988.

3.1 *Georg Simmel*
3.1.1 Jankélévitch, V.: Georg Simmel, philosophe de la vie. In: Revue de Métaphysique et de Morale 32 (1925), 213–257
3.1.2 Müller, H.: Lebensphilosophie und Religion bei Georg Simmel. Berlin 1960.
3.1.3 Gerhardt, U.: Immanenz und Widerspruch. Die philosophischen Grundlagen der Soziologie Georg Simmels und ihr Verhältnis zur Lebensphilosophie Wilhelm Diltheys. In: Zeitschrift für philosophische Forschung 25 (1971), 278–292.
3.1.4 Großheim, M.: Von Georg Simmel zu Martin Heidegger. Philosophie zwischen Leben und Existenz. Bonn 1991.

3.2 *Theodor Lessing*
3.2.1 Marwedel, R.: Theodor Lessing 1872–1933. Eine Biographie. Darmstadt und Neuwied 1987.
3.2.2 Albert, K.: Theodor Lessing und die Lebensphilosophie. In: ders.: Philosophie im Schatten von Auschwitz. Dettelbach 1994, 30–45.

3.3 *Ludwig Klages*
3.3.1 Walther, G.: Ludwig Klages und sein Kampf gegen den ›Geist‹. In: Philosophischer Anzeiger 3 (1928), 48–90.
3.3.2 Lersch, Ph.: Eine Philosophie des Lebens. In: Blätter für deutsche Philosophie 5 (1931), 92–109.
3.3.3 Hönel, H. (Hg.).: Ludwig Klages, Erforscher und Künder des Lebens. FS zum 75. Geburtstag des Philosophen. Linz 1975.
3.3.4 Bartels, E.: Ludwig Klages. Seine Lebenslehre und der Vitalismus. Meisenheim 1969.
3.3.5 Kunz, H.: Martin Heidegger und Ludwig Klages. München 1976.

3.5 *Oswald Spengler*
3.5.1 Messer, A.: Oswald Spengler als Philosoph. Stuttgart 1924.
3.5.2 Koktanek, A. M.: Oswald Spengler in seiner Zeit. München 1968.

3.5.3 Lutz, P. Chr. (Hg.): Spengler heute. München 1980.

3.6 *Hermann Graf Keyserling*
3.6.1 Feldkeller, P.: Graf Keyserlings Erkenntnisweg zum Übersinnlichen. Darmstadt 1921.
3.6.2 Gaillings, U.: Sinn und Ursprung. Untersuchungen zum philosophischen Weg Hermann Graf Keyserlings. Sankt Augustin 1992.

3.7 *Ortega y Gasset*
3.7.1 Marias, J.: José Ortega y Gasset und die Idee der lebendigen Vernunft. Stuttgart 1952.
3.7.2 Borel, J.-P.: Raison et vie chez Ortega. Neuchâtel 1959.
3.7.3 Guy, A.: Ortega ou la raison vitale et historique. Présentation, Biographie, Bibliographie. Paris 1969.
3.7.4 Marias, J.: Ortega. Bd. I–II. Madrid 1983–84.

4.1 *Max Scheler*
4.1.1 Haecker, Th.: Geist und Leben. Zum Problem Max Scheler. In: Hochland 23 (1926), 129–155.
4.1.2 Ströker, E.: Der Tod im Denken Max Schelers. In: Der Mensch und die Künste. FS H. Lützeler. Hg. von G. Bandmann und P. Bloch. Düsseldorf 1962, 74–87.
4.1.3 Good, P. (Hg.): Max Scheler im Gegenwartsgeschehen der Philosophie. Bern und München 1975.
4.1.4 Albert, K.: Max Scheler über das Verhältnis des Menschen zur Natur. In: ders.: Philosophie der Sozialität. St. Augustin 1992, 233–237.

4.2 *Georg Misch*
4.2.1 König, J.: Georg Misch als Philosoph. In: Nachrichten der Akademie der Wissenschaften in Göttingen. Philologisch-historische Klasse. Göttingen 1967, 149–243.
4.2.2 Bollnow, O. F.: Der Aufbau der Logik auf dem Boden der Philosophie des Lebens. Die Logik-Vorlesung von Georg Misch. In: ders.: Studien zur Hermeneutik. Bd. II. Freiburg-München 1983, 46–193.

5.1 *Heinrich Rickert*
5.1.1 Frischeisen-Köhler, M.: Philosophie und Leben. Bemerkungen zu Heinrich Rickerts Buch ›Die Philosophie des Lebens‹. In: Kant-Studien 26 (1921), 112–133.
5.1.2 Seidel, H.: Wert und Wirklichkeit in der Philosophie Heinrich Rickerts. Bonn 1968.

5.2 *Georg Lukács*
5.2.1 Glowka, D.: Georg Lukács im Spiegel der Kritik. Die Interpretation des Lukácsschen Denkens in Deutschland. 1945–1965. Diss. Berlin 1968.
5.2.2 Goldmann, L.: Lukács und Heidegger. Darmstadt 1975.

5.2.3 Heller, A.: Die Seele und das Leben. Studien zum frühen Lukács. Frankfurt a. M. 1977.
5.2.4 Ottmann, H.: Eine Kritik der Nietzsche-Kritik von Georg Lukács. In: Nietzsche-Studien 13 (1984), 570–586.

Nachwort

Der 2008 verstorbene Philosoph Karl Albert hat ein umfangreiches und eine Vielzahl von philosophischen Themen behandelndes Werk hinterlassen, das nicht nur sein philosophiehistorisches Wissen bekundet, sondern vor allem sein eigenes philosophisches Anliegen, welches er in seinen Schriften systematisch darlegte.

Er selbst hat sich immer – ausgehend von Parmenides und Platon – als Metaphysiker bezeichnet, so daß es auf den ersten Blick verwunderlich erscheinen mag, daß er sein Denken auch auf die Lebensphilosophie richtete, die durchaus eine Aversion gegenüber metaphysischen Gedanken zeigte. Allerdings läßt sich eine Reihe von Gründen nennen, die sowohl seine intensive Beschäftigung mit lebensphilosophischen Ansätzen erklären können als auch eine gewisse Akzentverschiebung seiner metaphysischen Grundhaltung deutlich machen, nämlich von einer »spekulativen« Metaphysik hin zu einer *Metaphysik der Erfahrung*.

Der Metaphysik wird häufig zu große Abstraktheit und auch Lebensferne vorgeworfen, eine Vorstellung, die Karl Albert rigoros ablehnte, denn mit dem von ihm in die Metaphysik eingeführten Begriff der *Erfahrung* als Erkenntnisgrundlage konnte er einerseits der Metaphysik eine bedeutende weitere Dimension des denkerischen Prozesses erschließen, der Lebensphilosophie andererseits Impulse geben, das Allgemein-Menschliche unter dem Gesichtspunkt des Überdauernden (vor allem des Geistigen) zu betrachten. Das führte ferner auch dazu, daß er den elementaren metaphysischen Begriff des *Seins* als das *Leben* selbst bestimmte.

Auch Heidegger hatte – etwa zeitgleich – einige in diese Richtung gehende Gedanken geäußert, allerdings nicht so dezidiert wie sie durch Karl Albert in die Diskussion gebracht wurden. Folgerichtig konnte er auch eine innere Beziehung zwischen Platonismus bzw. Metaphysik und Lebensphilosophie deutlich machen, wie es in seinem letzten, kurz vor seinem Tod erschienenen Buch über den »Platonismus« dargelegt wird.[1] Darin untersucht er »Weg und Wesen der abendländischen Philosophie« und läßt wieder einmal durchblicken, daß sein Verständnis von Philosophie nicht im Abstrakten liegt. So wird auch verständlich, daß die Schriften des französischen Philosophen Louis Lavelle ihn stark beeinflußten, den er auch häufig heranzog, um seine eigenen Thesen zu untermauern und die »Lebensbedeutung« der Philosophie zu betonen.[2] Vielleicht ist die Hinwendung zu lebensphilosophischem Denken und seiner Tendenz, die Alltagswelt des Menschen und dessen Verfaßtheit ins Zentrum des Denkens zu rücken, auch ein Motiv für Albert, sich mit Fragen zur Kunst, Politik, Pädagogik und Musik (er war ein ausgezeichneter Bach-Kenner und Pianist), aber auch zu allgemeinen kulturkritischen Themen zu äußern, wobei das Leben und das Sein seine Erörterungen immer bestimmten. So heißt es denn auch, daß Philosophie eine Form des Lebens sei, *Philosophie als gelebte Form des Lebens.*[3]

Daß auf diesem Hintergrund natürlich auch die Ethik eine gewichtige Rolle im Denken Alberts spielt, ergibt sich schon aus der Tatsache, daß Leben (also das Sein) an den Menschen hohe Anforderungen stellt, die sich primär auf seine Haltung in der Welt beziehen. Es geht dabei um Anforderungen an das *Wesen* des Menschen, an sein moralisches Verhalten, an die Ausbildung seiner seelischen Befindlichkeit, an die Höherentwicklung seiner geistig-seelischen Fähigkeiten, wie das schon die Protagonisten der Lebensphilosophie – besonders Nietzsche – zum Ausdruck brachten. Oft hat Albert eine solche »innere« Haltung deutlich von der Oberflächlichkeit dieser Welt abgegrenzt, weil diese den Blick auf das Wesentliche der menschlichen Existenz verstellt.[4] Dies läßt den Schluß zu, daß Albert das Leben im Gegensatz zu vielen Vertretern der Lebensphilosophie vor allem auf das Geistige bezieht. So spricht beispielsweise Ludwig Klages vom »Geist als Widersacher der Seele«, Theodor Lessing vom »Untergang der Erde am Geist«, ferner über den Gegensatz von Leben und Geist, wobei Albert einwendet, daß »Geist« fälschlich immer

---

[1] Platonismus. Weg und Wesen abendländischen Philosophierens. Darmstadt 2008.

[2] K. Albert: Lavelle und die Philosophie des 20. Jahrhunderts. Dettelbach 1997.

[3] K. Albert/E. Jain: Philosophie als Form des Lebens. Zur ontologischen Erneuerung der Lebensphilosophie. Freiburg/München 2000. Bereits 1995 (Würzburg) veröffentlichte Albert eine kleine Schrift mit dem Titel: Vom philosophischen Leben.

[4] Kritische Äußerungen zur Moral finden sich vor allem in der Schrift von K. Albert/E. Jain: Die Utopie der Moral. Versuch einer kulturübergreifenden ontologischen Ethik (Freiburg/München 2003), in der die Erfahrung eine Schlüsselfunktion erhält.

mit Verstand oder Intellekt identisch gesetzt werde. Ein rein rationales Denken und Handeln hat die Lebensphilosophie aber bekanntlich sowohl in der Universitätsphilosophie als auch im alltäglichen Leben rigoros abgelehnt und sich dadurch häufig dem Vorwurf des Irrationalismus ausgesetzt.

Diese Tendenz einer kritischen Betrachtung des Intellekts ist allerdings typisch für lebensphilosophisches Denken, welches das Leben durch einseitige Betonung und Überbewertung des Verstandes bedroht sieht. Daß die Lebensphilosophen ihr Interesse auf diesem Hintergrund vorrangig auf das »äußere Leben« konzentriert haben – den sozialen, politischen, ökologischen Aspekten usw. – führte Albert vermutlich auch dazu, die geistigen Implikate des Lebens hervorzuheben, die das »innere, das geistige Leben« bestimmen. In seiner Schrift über Lavelle zitiert Albert denn auch dessen Auffassung zum Leben folgendermaßen:

»Das Leben hat nur Sinn für den, der in das für alle gleiche geistige Universum eindringt und darin den Ort seiner eigenen Existenz und das Erkennungszeichen seiner persönlichen Bestimmung entdeckt«.[5]

In einem kleinen Buch, welches zum 85. Geburtstag von Karl Albert ein Gespräch mit ihm aufzeichnet, erkennen wir sehr deutlich seine Aufgeschlossenheit für das Leben und zugleich seine berechtigte Hoffnung, daß die Philosophie in das Leben eingreifen könne, daß sie zum Nachdenken anregt und die Lebenswelt etwas menschlicher, nämlich *geistiger* zu machen vermag.[6] Wie aktuell mithin seine Forderungen an die Philosophie sind, ergibt sich schon aus einer kurzen Sicht auf die Weltlage, die man sicherlich als Rückfall in barbarische Zeiten verstehen kann. Zusammenfassend darf man konstatieren, daß der Philosoph Karl Albert ein philosophisches Leben, ein spirituelles Leben vor Augen hat, wenn er sagt, daß sich geistiges Leben jedem Menschen erschließen kann, wenn er gewillt ist, sich von der Massenbeeinflussung zu distanzieren und seine Individualität im reflektierten Leben zu suchen bereit ist. Daß Albert die moderne, vom Konsumzwang bestimmte und allgemein verunsicherte Welt kritisch betrachtete und zugleich mit seinen »unzeitgemäßen« philosophischen Betrachtungen eine Kehrtwende erhoffte, ist sein großes Ver-

---

[5] Lavelle und die Philosophie des 20. Jahrhunderts, a. a. O. S. 59.

[6] E. Jain/St. Grätzel (Hg.): Leben für die Philosophie – Leben in der Philosophie. Karl Albert im Gespräch. Freiburg/München 2006.

dienst, denn will man die ganze Tragweite seines philosophischen Anliegens würdigen, so geht es um eine Umkehr des ganzen Menschen im platonischen Sinne, der *periagoge*.

In einer Welt der Äußerlichkeit, der wachsenden Verrohung, des übersteigerten Egoismus und Nationalismus ist es bemerkenswert, daß für Karl Albert der Begriff der *Innerlichkeit* – ein geradezu obsoleter und vergessener Begriff – eine außerordentliche Bedeutung besitzt. Innerlichkeit als ein Stadium des Bewußtseins, welches durch eine meditative Haltung auf das Wesen des Menschen – sein seelisches Potential – gerichtet ist. So heißt es denn auch:

»Man betrachtet die Welt distanzierter und kritischer, orientiert sich an den Werten des Geistigen und negiert die Oberflächlichkeiten und Belanglosigkeiten des alltäglichen Lebens, die den Menschen nur von seinem wahren Selbst entfernen«.[7]

Nur wenn das Selbst, die Individualität, auf Reflexion der eigenen Existenz gegründet ist, kann nach Albert auch Empathie für den Anderen, die Gemeinschaft erfolgen, können also zwischenmenschliche Beziehungen aufgrund geistiger Entfaltung des Subjekts ein sinnvolles Miteinander fundieren.

Der Begriff der Innerlichkeit führt ferner zu einem weiteren philosophischen Bereich, mit dem Albert sich ausgiebig befaßt hat: der Mystik. In seiner Schrift »Mystik und Philosophie« legt er dar, daß Philosophie und Mystik seit zweieinhalb Jahrtausenden wesenhaft miteinander verbunden sind, da beide sich auf eine *innere Erfahrung* beziehen. In einem weiteren Buch über Mystik geht Albert nun auch auf asiatisches Denken ein, wobei er Übereinstimmungen und auch Unterschiede der chinesischen bzw. indischen Mystik im Vergleich mit der europäischen herausarbeitet.[8] Vor allem die »Tao-Schule« findet sein besonderes Interesse, insofern es darin um eine Erkenntnisweise geht, die die alltägliche Erkenntnis transzendiert. Dank seiner chinesischen Sprachkenntnisse konnte er ferner zusammen mit dem chinesischen Philosophen Hua Xue eine erste deutsche Übersetzung des 33. Buches des Taoisten Chuang-tse herausgeben, der neben Lao-tse und Lie-tse zu den auch in Europa bedeutendsten chinesischen Denkern gezählt wird.[9] Unter dem Leitgedanken einer philoso-

---

[7] Ebd., S. 30.
[8] Einführung in die philosophische Mystik. Darmstadt 1996.
[9] Chuang-Tse: Die Welt. Eingeleitet und kommentiert von K. Albert. Dettelbach 1996.

phischen Mystik untersucht Chuang-Tse verschiedene Philosophenschulen und fragt – wie Albert hervorhebt –, inwiefern der in der alten chinesischen Philosophie maßgebliche Gedanke des Einen erhalten geblieben ist. Schon Chuang-Tse sah offensichtlich die Gefahr eines Verlustes dieses Wissens und keinen »Fortschritt auf dem Weg des Weltgeistes zu sich selbst«.[10]

Eine vergleichbare Auffassung kann man vermutlich auch dem Denken Alberts zuordnen und zugleich auch als Motiv für seinen Weg zu einer Philosophie begreifen, die nicht dem Empirismus, dem Positivismus oder ähnlichen Positionen und ihrem »Vielheitsdenken« verpflichtet ist. Vor allem seine eingehende Beschäftigung mit Meister Eckhart unterstreicht diese Vermutung, denn in seinem Werk findet er nicht nur eine Bestätigung seiner eigenen philosophischen Auffassung, sondern auch hinreichend Anregung, seine Gedanken in einem systematisch ausgearbeiteten Konzept auch auf die Philosophie der Gegenwart sowie auf verschiedene kulturelle Bereiche anzuwenden.[11] Wenn Albert von Meister Eckhart spricht, so fällt auf, daß er dessen Begriff der *Abgeschiedenheit* als charakteristisch für die Philosophie und Mystik des Scholastikers bezeichnet. Natürlich ist dieser Begriff auch zentral in Alberts Philosophie, insofern mit ihm der »Zustand des Befreitseins der Seele vom Dies-und Das der Vielfalt des Seienden« prägnant umrissen ist.[12] Abgeschiedenheit ist mithin das Fundament und der Ausgangspunkt jeder philosophischen Reflexion, jeder Begegnung mit geistigen Gütern (z. B. der Kunst, Musik, Literatur), um sich in den Gegenstand versenken und ihn schließlich »erfahren« und begreifen zu können. In der Gegenwart ist Abgeschiedenheit allerdings kein erstrebenswertes Ziel mehr, eine Tatsache, die durch die »moderne« Lebensweise – unterstützt durch Globalisierung, digitale Technik mit ihrer ständigen Verfügbarkeit – einen extremen Aktionismus aufweist. Der moderne Mensch hat verlernt, allein zu sein, sich in Abgeschiedenheit und Stille auf etwas Wesentliches zu konzentrieren. Er muß ständig präsent sein, will nichts versäumen und kann Alleinsein nicht mehr ertragen. Aber, wie Albert mit einem Vers aus der Bhagavadgita einwendet:

---

10 Ebd., S. 21.

11 Meister Eckharts These vom Sein. Untersuchungen zur Metaphysik des Opus tripartitum. Kastellaun 1976.

12 Leben für die Philosophie – Leben in der Philosophie, a. a. O. S. 43.

»Wen nicht berührt die Außenwelt,
Wer klug sich hält von ihr zurück,
Wer in das Brahma sich versenkt,
Der findet in sich selbst das Glück« (V 21).[13]

Albert wird gelegentlich selbst als Mystiker bezeichnet, eine Bestimmung, die er jedoch von sich weisen würde. Zutreffender ist vermutlich die Charakterisierung als »Mystologe«, die er beispielsweise Nikolaus von Kues attestiert hat, insofern dieser ein Denker sei, *»der das, was der Mystiker tatsächlich erfährt, seinerseits intellektuell nachvollziehend sich vorzustellen und geistig zu erfassen versteht«*.[14]

Neben Bergson, Martin Buber u.a. nennt Albert in diesem Zusammenhang sogar Heidegger, dessen auf Systematik ausgelegtes Philosophieverständnis zeitweise ein auf die mystische Erfahrung bezogenes Denken einbeziehe.

Die Mystik hat jedoch nicht nur in der Philosophie, sondern besonders auch in der Religion ihren Ort, wie Albert in zahlreichen Publikationen dargelegt hat.[15] Thematisiert werden dabei Übereinstimmungen und Unterschiede z.B. in der jüdischen Mystik, des Sufismus sowie asiatischer und abendländischer Formen mystischen Denkens. Unter diesem Aspekt hat er natürlich auch die Hoffnung geäußert, daß aufgrund der nachweisbaren Gemeinsamkeiten und trotz aller kulturellen Differenzen eine Brücke zwischen den Kulturen geschlagen werden könne, um einen »Kampf der Kulturen« zu verhindern. Ob diese Vision allerdings Utopie bleibt, wird sich in der augenblicklich dramatischen Weltlage noch zeigen müssen.

Abschließend noch ein kurzer Blick auf Alberts für sein Lebenswerk wichtigste Publikation, die seine in der Folgezeit grundlegenden Gedanken und sein philosophisches System fundieren: *Die ontologische Erfahrung*.[16] In diesem Buch entfaltet er seine Auffassung von Philosophie und ihrer *Lebensbedeutung*. Mit seiner Auffassung wendet Albert sich (durchaus im Einvernehmen mit der Lebensphilosophie) gegen eine rationalistisch orientierte Philosophie, die das »Allgemein-Menschliche« außer acht läßt und vor allem in unserer Zeit

---

[13] Ebd., S. 44.

[14] Ebd., S. 49.

[15] Philosophie der Religion. Phil. Studien Bd. III. Sankt Augustin 1991. Ferner Mystik und Philosophie. Sankt Augustin 1986; ders.: Einführung in die philosophische Mystik. Darmstadt 1996.

[16] Ratingen 1974. Jetzt in: Philosophie der Philosophie. Phil. Studien B. 1, Sankt Augustin 1988.

keine Perspektive zu bieten hat. Die »Seinsvergessenheit« (Heidegger) bezeichnet er dementsprechend auch als denjenigen Makel, der die »verwissenschaftlichte« Philosophie, aber auch die materialistisch ausgerichtete Lebenswelt charakterisiert. Hier seien Orientierung und Halt verlorengegangen, während Bindungslosigkeit und außenweltliche Erfahrungen das Verhalten des Menschen bestimmen.[17] Diese Grundeinstellung Alberts durchzieht sein gesamtes philosophisches Werk und läßt immer auch den Bezug zum gelebten Leben erkennen. Philosophie muß in der Lage sein, eine Umkehr im Menschen, in seinem Bewußtsein zu bewirken, denn dann sieht er das Leben mit anderen Augen *»und mit ihm sein Verhalten zu sich selbst, zu anderen Menschen und zur Welt … Philosophie ermöglicht Orientierung«*.[18]

Das bedeutet nichts anderes, als daß der Mensch eine Weise des Selbstbewußtsein erlangt, welche es ihm erlaubt, zu selektieren, sich auch zu distanzieren vom bedeutungslosen Diktat und der Manipulation einer Massengesellschaft. Mit seiner Formulierung begibt sich Albert nun auch auf das Gebiet der Erziehung, welche ihn nicht nur aufgrund seiner Tätigkeit als Gymnasial- und Hochschullehrer interessieren mußte, sondern auch wegen seiner intensiven Beschäftigung mit Platon, dessen *Höhlengleichnis* in der *Politeia* ihn äußerst beeinflußte. Denn darin findet er die Beschreibung der *Umkehr* des Menschen in Gestalt einer Metanoesis von einem unbewußten Leben hin zu einem bewußten, sinnerfüllten, mithin geistigen Dasein. Wenn man den Menschen – wie Albert dies tut – als grundsätzlich geistiges Wesen betrachtet, so folgt konsequenterweise auch die Forderung, diese elementare Anlage zu entfalten. Damit haben wir ein Menschenbild vor Augen, welches dem der Gegenwart so gar nicht mehr zu entsprechen scheint. Die Erziehung sei daher diejenige Instanz, den Menschen gestaltend zu formen, aber auch der Mensch selbst sei gefordert, sich weiter zu entwickeln, sich also auf Sachverhalte einzulassen, die als geistige Herausforderung zu verstehen sind.[19] Es geht also um Erziehung *und* Bildung, zwei Weisen der Förderung des jungen Menschen, die ihm sowohl zu »Lebensfähigkeit« verhelfen

[17] Leben für die Philosophie – Leben in der Philosophie, Freiburg/München 2006. S. 61.

[18] Ebd., S. 62.

[19] Vgl. Philosophische Pädagogik (1984), jetzt in: Philosophie der Erziehung. Phil. Studien Bd. V, Sankt Augustin 1990.

sollen als ihm auch kulturelle Güter zur Persönlichkeitsbildung nahebringen muß. Dieses auf humanistischen Grundgedanken basierende Ziel hebt sich deutlich ab von den empirischen Erziehungswissenschaften (z. B. Brezinka) oder der »Emanzipationspädagogik« (Blankertz, Mollenhauer), deren Erziehungsziel nach Albert primär in der Bewältigung alltäglicher Belange liegt. Bildung sei dagegen »Grundvoraussetzung aller Prozesse, die sich im Leben abspielen«, denn nur so könne der Mensch aus seinen Erkenntnissen dahingehend schöpfen, daß er glücklicher und ausgeglichener, aber auch kritischer und mündiger werde.[20]

Albert wollte immer schon eine Philosophie, die gelebt werden kann, die, um es metaphorisch zu formulieren, vom Aufstieg aus der platonischen Höhle dorthin zurückkehrt, um von den Erfahrungen und der Erkenntnis berichten zu können. So ist es also keineswegs verwunderlich, daß er auch die Lebensphilosophie – übrigens auch angeregt durch Schelers Aufsatz »Versuche einer Philosophie des Lebens« – in sein Denken einbezieht. Auf diesem Fundament kann er natürlich alle Lebensbereiche im Rekurs auf sein eigenes philosophisches Konzept einer *Metaphysik der Erfahrung* reflektieren und systematisch ausarbeiten. Dieses Konzept erweist sich immer als kritisch mit einer deutlichen Distanz zu dem, was in der bloßen Alltagswelt geschieht und allgemein als primär bedeutsam und lebensnotwendig verstanden wird. Aber es bietet ebenso einen philosophisch reflektierten Ausweg aus einer Welt der Oberflächlichkeit. Karl Albert hat ein umfangreiches systematisches Werk hinterlassen, das jedoch in einer Zeit entstand, als man der Metaphysik – dem Trend der Zeit folgend – abgeschworen hatte. Eine Rückbesinnung auf den Ursprung und die Bedeutung der Philosophie möchte man sich wünschen.

Elenor Jain, 2017

[20] Leben für die Philosophie – Leben in der Philosophie, ebd., S. 74.

Personenregister

Sachregister